百年麵包史

吃軟到吃硬，從紅豆麵包到法國麵包
改變日本飲食的150年

日本料理文化研究家
阿古真理 著

藍嘉楹 譯

前言

本書描述由西方人引進日本的麵包，如何被日本人民逐漸接受至今，是一本飲食文化兼生活史。因此，書中提到的店家以及製作麵包的公司，都是在介紹日本麵包史時不可省略的。本書不是美食指南，目的並非介紹好吃的麵包店，請各位諒解。

另外，為了掌握位於歷史時間軸最尾端的現代，我採訪了五十間以上位於首都圈*及京阪神地區的麵包店。我在二〇一六年的上半年，為了本書的採訪與執筆，購買的麵包多到家中的冷凍庫快要塞不下，那陣子光靠麵包就能活了。

在嚐遍人氣店家的麵包後，我再度體認到，在日本真的不愁找不到好吃的麵包店。而且

*註：以日本東京為中心的都會區，一般包括東京都、神奈川縣、千葉縣、埼玉縣，因此又稱一都三縣。

不只我這麼認為，當時訪採的多位任職於麵包業界的人士，也異口同聲的說，近幾年的水準的確提升許多。

日本人以享受美食為樂，自然不可能忽略美味的麵包，因此這幾年的麵包熱潮依然不減。其中備受注目的品項是棍子麵包等法國麵包。法國麵包的香氣十足、外皮脆硬，品嘗得到小麥的風味，而且外型也賞心悅目。以往的法國麵包大多質軟皮薄，相比起來，現在愈來愈多店家做出了層級完全不同的成品。

究竟日本是從什麼時候開始愛吃也喜歡做這樣的法國麵包呢？我之所以這麼問，原因在於日本人原本偏好的應該是紅豆麵包等質地柔軟的麵包。對麵包皮軟硬度的喜好，也是本書探討的主題之一。另外，正統派法國麵包的登場，也反映出麵包進入日本人的生活後，這一五〇年來改變了什麼，又帶來何種新的變化。

即使是順應時勢、自然發生的變化，恐怕還是有人會感到不安吧。因為麵包一旦朝道地的西式風格發展，表示飲食的西化程度只會有增無減，象徵著日本傳統文化——米飯與味噌湯的組合——也會和日本人漸行漸遠。到底米飯的地位，是否真如這些人的揣測，會受到麵包的威脅呢？

把麵包視為主食這件事，不僅牽涉到和食文化的定義問題，同時也令人思考起全世界的麵包與日本的位置。麵包是形狀很小的食物，不論是大亨堡、紅豆麵包、一條土司（約四五〇公克），都是可以放在手掌的大小。但是，上述質地柔軟的麵包們，如果拿的時候太粗魯，一不小心就會壓扁。然而，外表如此弱不禁風的日本麵包，不但躍為全球麵包界的主流，也為我的書寫指點一條明路。

在本書中登場、同時也親自接受我採訪的人士，我會加上敬稱來稱呼，但此外的對象，請容我省略敬稱。雖然我省略了敬稱，但現在的麵包文化能有今天的發展，不論是過去還是現在，無疑是拜多位先進鼎力支持才得以成立。麵包的世界博大精深，永無止境，歡迎各位一起進入這個世界，一窺堂奧。

目錄

第三章　咖哩麵包是蓋飯……101

第一章

日本人
喜歡麵包嗎？

麵包風潮的到來

現在的東京正處於麵包風暴的核心。二〇〇〇年前後吹的是甜點風，但這一波麵包風持續的時間更久，差不多有七、八年。許多雜誌都推出了麵包特集，電視節目也競相報導。介紹麵包店的導覽書和介紹如何開店的工具書一本又一本的出版。此外，全國各地也舉辦了各種麵包相關的活動。

為什麼會產生麵包風潮呢？這種「總有一天會結束」的現象，無庸置疑，必定會在飲食的歷史上刻下鮮明的一頁，也稱得上是改變日本麵包文化的變革。所謂的風潮，就是帶領著我們前往和以往不同的舞台。舉例而言，甜點風潮之後，由各種蛋糕體混搭、每一層都不一樣的法式蛋糕，從此成為擁有一定支持度的常態款。那麼，麵包風潮又會帶我們走進什麼樣的世界呢？

麵包風潮的過熱，從大型活動的盛況程度也能窺見一二。從二〇一六年三月十一日~十

在2016年3月舉辦的麵包節現場實況。（照片：麵包節執行委員會提供）

三日在橫濱紅磚倉庫舉辦、為期三天的「麵包節二〇一六」，號稱「日本規模最大等級」，入場人數達十二萬人次，大幅超過主辦單位預估的五萬人。這場展覽的主辦單位是琵雅（PIA）公司和日本出版販賣所組成的「麵包節執行委員會」，而參展的團體除了橫濱市和東京都二三區，還有其他地區的五十間麵包店和團體，另外也有麵包相關的商品參展。

展覽首日是下著雨的寒冷星期五，即使如此，人潮卻依舊不減。因人潮太多，導致會場在開場前就大排長龍；開場後，也出現推擠的情況，現場一片混亂。到了星期六開場前的五個小時，從早上六點便有排隊人潮。熱門店家的產品在短短一～二個小時之內就銷售一空。

麵包展覽會的最大魅力在於，到場的民眾可以一口氣朝聖日本各地麵包店。人氣店家前都有長長的人龍。有些在當地頗有名氣的麵包店商品到了中午就銷售一空，反而造成當地顧客幾乎不會光顧。

願意加入排隊隊伍的，主要是搭了好幾班電車、專程走訪的麵包迷。有些人一進到店家，就忙著用手機拍照或攝影，上傳到社群軟體。也有一群人是以走訪各地麵包店為興趣。可能是一次大量購買的人不少，有些人氣麵包店會派發說明書給顧客，內容除了提醒顧客要盡早食用完畢，還有如何重新加熱的方法等。

即使引起熱烈討論的名店大多集中在東京，但地方都市也有不少引人注目的麵包店。另外，有些人移居到山村後也開了麵包店。當然，有些麵包店就算知名度不高，也是在當地傳承了好幾代的老店，或者大型麵包公司旗下的連鎖店。另外，超商和超市也推出以高質感為主打的商品，例如 Seven & i Holdings（日本的大型零售、流通事業控股公司）的「金吐司」等。現在在日本所有地方，都能不費吹灰之力買到好吃的麵包。

最近的趨勢是有愈來愈多麵包店裝潢得美輪美奐，讓人以為置身在法國。店內的產品以法國麵包等硬皮麵包為主，也有從法國進軍日本的麵包店。雖然當中有些麴包店進軍沒多久就撤退，不過聽說有些法國當地的名店，目前以打進日本市場為目標。

根據日本總務省的家計調查，每戶家庭在二〇一一年購買麵包的金額已超越米。這個結果發表後引起廣泛的討論。但其實米在一般家庭的用途僅限於煮白飯，麵包還會當作點心食用。所以單從數據看來，並不代表食用米飯作為主食的次數，比食用麵包還少。

部分原因與和食在二〇一三年十二月經聯合國教科文組織（UNESCO）登錄為非物質文化遺產有關。和食被視為傳統文化的一環，開始受到注目。其背後透露出，在麵包大受歡迎所象徵的飲食多樣化下，讓有些人感覺日本的傳統文化受到威脅。

麵包對米飯造成威脅，並非現在才開始。差不多在十年前，坊間充斥著日本人之所以喜歡吃麵包，是因為美國當年把麵包引進學校的營養午餐，是美國所策劃的陰謀。這個說法源自於某本書的內容，但至今仍聽得到這種謠傳，可見其影響之深。有關這個說法，我將留待在第三章仔細探究。

「米飯」代表的意義

話說回來，日本想要維護的和食又是什麼呢？說到傳統和食，會馬上想到在日本料理店吃到、以高湯熬煮的料理，或者「奶奶的燉菜」之類的料理。但是，光靠這些料理就能代表和食嗎？在思考麵包問題的同時，也需要一同思考和食的問題。

高人氣的麵包之所以看似會對米飯造成威脅，原因在於有人認為如果米飯的地位被麵包取代，日本人的飲食遲早會完全西化。難道日本人打算拋棄世代傳承下來的飲食文化嗎？

另外，許多人認為麵包對西方人的重要性，如同米飯之於日本人。但實情真是如此嗎？有人認為日本以米飯為主食，將之視為設計菜單時的核心，但西方人不僅麵包，也把馬鈴薯當作主食，餐桌上也不是每次都會出現麵包，所以兩者的重要性不可相提並論。那麼，長久以來，米飯果真是日本家庭餐桌上的唯一選擇嗎？

馬鈴薯出現於十五世紀大航海時代的歐洲，哥倫布發現新大陸，從美洲引進了各種作物，就是俗稱的「哥倫布大交換」。除了馬鈴薯，還帶回了玉米、四季豆、番茄、辣椒等，而被引進「新大陸」的小麥和牛等，則開始在當地栽培、繁殖。

其實，當時的歐洲人一開始非常排斥這些未知的食物。歐洲人花了一、兩百年，才讓原本無法栽培小麥的寒冷地區種植成功，並普及營養價值高的馬鈴薯。在栽培馬鈴薯之前，人們吃的是穀物粥和麵包。西方吃麵包的歷史比吃其他作物更久。不過，歷史比麵包更久的是肉。西方人原是進行狩獵，以肉食為主，從某個時期開始開拓森林和原野，闢出了小麥田，開始有麵包吃。這項轉變的理由，我會在第四章介紹。

雖然我一律通稱為西方，其實各地的氣候大不相同，有些人居住的地區並不適合栽培小麥，所以不單以麵包為主食。但是，他們的飲食文化核心必定有麵包。麵包這個詞彙，有時候意指「用餐」。西方人既然把位居飲食文化核心的某項食物稱為主食，表示對他們而言，麵包確實是主食。

就像「吃飯」也是代表用餐的意思一樣，日本人把米飯視為飲食文化的中心。米飯在日本人心中的地位，類似麵包對西方人的意義。不過，主食是什麼樣的存在呢？我想如此根本的問題，應該很快就會得到明確的答案。

充滿奶油臭的食物

把麵包當作早餐吃在日本已經不是新鮮事，不論在超商還是超市，麵包都是隨處可見的食品。紅豆麵包、咖哩麵包等等的點心和調理麵包，對某些人來說，甚至會引發鄉愁。就算是喜歡法國麵包和德國黑麥麵包的人，應該也不排斥可頌、丹麥麵包，或者只要家附近的麵包店一推出新產品，就會躍躍欲試準備嘗鮮。不過，麵包是在短時間內變為老少咸宜的食品？

到底麵包是透過哪種途徑進入日本，又是如何被日本人接受的呢？日本人與麵包的初次相遇是在西洋人把火繩槍和基督教傳入日本的戰國——安土桃山時代，當時正值西方的大航海時代。但直到幕府開國，麵包才正式進入日本人的生活。

麵包為什麼會被日本人接受呢。站在現代人相當習慣麵包味道的觀點來看，或許會猜：可能覺得好吃吧。不過，從當時東西之間文化差異的劇烈程度來看，要日本人覺得麵包這種陌生的食物吃起來很美味，恐怕頗有難度。

日本人是先把米等穀物洗過後加水，再蓋上沉重的蓋子，以密閉狀態炊煮，口語稱之為「炊飯」。關西地方的方言，也用「炊」這個字表示燉煮蔬菜，但是以日本的標準語而言，「炊」這個動詞不會使用在米飯以外的料理，足可見日本人對米飯另眼相看的程度。另外，長久以來，日本人一直以蔬菜作為搭配米飯的配菜。除了燉煮和涼拌的菜餚，如果是有漁獲的地方，就再加上燉煮或烤過的魚。以前的日本人基本上不吃油膩的食物，即使到了現在，日本人也傾向吃清淡的料理。

尤其是江戶時代，表面上禁止肉食的規定發揮很大的影響力。因為肉食文化不受認可，所以畜產業和酪農業都不發達，不像中國的養豬業曾經盛行一時，歐洲也曾把畜牧業當作農業的一部分。此外，歐洲、中東、蒙古、印度等地的乳製品生產也相當發達，包括優格、起司、奶油等。日本在奈良時代，曾經透過絲路進行頻繁的乳製品交易，但在之後，乳製品就被日本人遺忘了。

直到進入明治時期，政府為了正式展開與西洋各國的來往，解禁了會造成外交障礙的肉食禁令。之後，民眾也開始嘗試肉食。把肉切成薄片後加入味噌燉煮以去除肉腥味的牛肉鍋，讓日本人嘗到了牛肉的滋味。牛肉濃烈的鮮味，想必讓某些人一吃成癮吧。西式與西洋人較有機會來往的上流階級開始嘗試西式料理，之後則慢慢普及到一般大眾。

為了適應西洋料理的味道，日本人在明治時期歷經了一番苦戰。對日本人而言，最難接受的是奶油。或許很多人都沒聽過這個詞，不過確實有「奶油臭」（バタ臭い）這個詞彙。根據日文字典《新明解國語辭典》（新明解國語辞典）的解釋，所謂的奶油臭即是「西式，崇洋媚外的模樣」。所謂「有奶油臭味的臉」，指的是五官輪廓像西方人一樣深刻的人。例如演員草刈正雄，還有在電影《羅馬浴場》（二〇一二年）飾演羅馬人的阿部寬等演員，應該也可以被列入這個類別吧。但是，從第二次世界大戰戰敗到昭和中期，人們對西洋的態度也改變了，原本聞起來覺得臭不可聞的東西，現在也覺得香氣四溢，而且憧憬、嚮往。

不過，奶油臭一詞剛出現的時候，用法如同字面上的意思，真的是用來形容聞起來有奶油的臭味，引人反感。明治時期的人，對飲食的喜好與現代人截然不同，不像我們覺得淋在馬鈴薯或玉米上的奶油「香氣逼人」。麵包長相和米飯毫無相似之處，也和包餡饅頭完全不同，看起來鬆軟卻乾巴巴的，但實際一咬下，卻是內軟外硬，明治時代的人對於這樣的麵包，實在不可能馬上開口說「好吃」。

當然，一定有人對新奇的食物感到好奇，想要嘗鮮，也有人一吃成主顧。不過，麵包不適合搭配味噌湯，和燉芋頭一起吃也不倫不類，和覺得好吃的人相比，應該有更多人不知道該拿它如何是好。麵包之所以被大眾廣泛接受，理由和其他西式料理日本化的過程一樣，都是拜顛覆常識的想法所賜。另外，以往的日本人也有不得不把麵包加入飲食生活的理由。

之後，多虧有志從事麵包業的日本人的努力，以及遠渡重洋來到日本的西洋麵包師傅們的大力相挺，歷經一番篳路藍縷，麵包終於成為日本人在日常生活中最熟悉的食物之一。有關這個部分，我將在第二章詳細介紹。

西洋的麵包

雖然都稱為麵包，其實世界上的麵包種類，多到不可勝數。本書所要討論的只限於利用酵母發麵，以烤箱烤成的西式麵包。

亞洲和中東等地區食用的烤餅，還有印度料理店利用名為坦都里的泥甕所烤製而成的南餅，雖然也屬於發酵麵包，但都不列入這次的討論範圍。

另外，西方也有愛爾蘭人在麵糰裡混入小蘇打粉做成的蘇打麵包、英國人利用泡打粉製作的司康等。上述兩者的製作方法很簡單，必須趁熱食用，而且口感異於發酵麵包的軟滑口感，比較接近口感鬆軟的餅乾。

法國利用蕎麥麵粉製作的可麗餅、烘餅（galette）、麵粉做的可麗餅、各國都有的鬆餅，就廣義而言或許也算是麵包。若從這個觀點來看，越南和中國的春捲、韓國的煎餅和日本的御好燒也可以加入麵包的行列。有關在粉裡加水，攪和均勻，再烤來吃的料理方式，世界上大概有無數個版本，多到數不清。

我之所以不把這些廣義的麵包列入之中，理由是日本在開國的同時，初嘗其滋味，而且為了將它們成為飲食內容的一部分，歷經了一番奮鬥，那就是使用酵母發粉，再放入烤箱烤成的麵包。麵包的製法和米飯的作法完全不同。明治時期日本家庭的廚房設備，無法製作麵包。若想製作麵包，必須學會熱輻射的爐灶技術，而這是日本文化中本就沒有的部分。另外，為了製作麵包，也需要麵粉工廠等各種新興產業。不僅如此，有關發酵的製程，如果沒有專業師傅的指導，外行人也很難自學到精通的程度。

日本人得到西洋人的指導，同時又不斷自我鑽研，大約花了一五〇年的工夫，才做出讓現代西方人也覺得「好吃」的麵包。不知道從什麼時候開始，日本已經躋身麵包製作技術高超的國家之一。對他們而言，日本麵包的魅力是什麼呢？另外，西方人也似乎在日本找到一些他們覺得「這不是麵包」的麵包。他們的這句話，代表著不同的生長背景與文化，也表示這是他們在日本的新發現。當然，他們的背景也包含著麵包長達數千年的歷史。有關這部分，我將在第四章詳細介紹。

正因為麵包是主食，對西洋人而言自然帶有特殊的意義，此外，文明的發展也和麵包脫不了關係。麵包在日本的發展歷史雖短，但日本人也從不斷的嘗試與累積中摸索出一條道路。麵包與米飯究竟象徵著文明的對立，還是文明在融合之下所帶來的幸福相遇呢？

日本人食用麵包的歷史只有短短一五〇年。或許正因為時間很短，日本才發明出幾項劃時代的產品，包括世界首創的自動烤麵包機、家用麵包機。在家裡自製麵包，不論對歐洲還是美國，都出其社會民情的一段歷史，而日本也擁有一段獨特的社會背景，促使手工麵包的文化逐漸落地生根。至於日本人在家裡自製麵包的歷史，我將在第六章詳細說明。

麵包的背後，連結了歷史長河與遍及世界各地的地理足跡。我希望不論是喜歡吃麵包的人，或是覺得麵包會威脅米飯地位的人，都能了解麵包的發展歷程。麵包的文化博大精深，我將藉由資料收集和累積多位人士的證言，以釐清歷史的真相，我想在不久的將來，我們的飲食生活就能抵達從未想像過的現在與未來。

第二章

改變歷史的麵包師傅們

1 日本人的麵包誕生

人見人愛的紅豆麵包

在日本長大的人，應該都知道紅豆麵包。不論是超市的麵包區，或是街上的麵包店、超商都能看見紅豆麵包的蹤跡。不論男女老幼，都很難抵抗紅豆麵包的魅力。已故的漫畫家兼繪本作家柳瀨嵩的熱門動畫《麵包超人》中，「紅豆麵包超人」也擁有高人氣。在動畫的設定中，紅豆麵包超人只要看到肚子餓的小朋友，就會到他身邊，把自己用紅豆麵包做成的臉撕一塊下來給他吃。

據說在北海道的小麥產地十勝，當地從事農作的人，會把紅豆麵包當作休息時吃的點心。備受當地農家喜愛而日漸興隆的是一九五〇年創業於帶廣市的「滿壽屋商店」。此店也參加了二〇〇六年的「麵包節」。店內最受歡迎的品項是巨型紅豆麵包，大小比一般麵包大了一倍左右。紅豆餡和爽口的麵包體搭配得天衣無縫。

我的母親出生在一九四五年代，從小住在廣島的鄉下。她告訴我在幫忙家裡務農時，工作的動力是休息時間可以吃到爺爺買來的紅豆麵包。由全國的中小型麵包廠組成的全日本麵包協同組合連合會的前專務理事（採訪當時是二〇一六年三月）福井敬康先生也告訴我，他少年時代在冬天剷雪時，休息時間總是吃紅豆麵包。

在體力勞動的工作後，休息時間多是吃紅豆麵包，而非飯團或便當，理由是方便。為了盡量爭取時間，全力投入工作時，如果想吃類似飯糰等需自己動手做的食物，就要有人離開去準備。不像紅豆麵包，只要去買就有可以吃。

紅豆麵包是老少咸宜的食品，能當作小朋友和老人家的點心，也很適合剛結束社團活動的高中生、工作途中覺得飢腸轆轆的人，也是主婦們閒話家常時的佐茶點心。紅豆餡的含水量不少，優點是吃了也不容易噎住。更不分男女老少都很喜歡紅豆麵包。

明治時代的俳句詩人正岡子規（一八六七～一九〇二年）也很愛吃紅豆麵包。他在一九〇二年寫成的《仰臥漫錄》，是他在三十五歲臥病在床時留下的最後日記。他的紀錄以三餐和點心的內容為主。在病情惡化之前，他每天的早餐和點心都是甜麵包。食量很大、胃口好的時候，一次甚至會吃十幾個。

在這半年的紀錄中，紅豆麵包總共出現兩次。一次是他在九月八日的圖畫中寫著「甜麵包，裡面有紅豆」，另一次是九月十七日的「紅豆麵包一個」。說不定他寫著「甜麵包」的那一天，其中也有紅豆麵包。或許對子規來說，紅豆麵包等同於臥病在床的自己和不斷吸收歐美文化的外面世界間的連結吧。

紅豆麵包的發明者

仔細想想，紅豆麵包有許多不可思議之處。它的麵包體是麵粉製成，外型屬於歐式，但裡面包的卻是日本道地的紅豆餡。所以，即便是喜好日本料理且住在日本的西方人也不捧場，理由是「在麵包裡加入甜的豆子，實在有點……」。紅豆麵包是屬於日本的鄉土食物。

這項堪稱和洋合璧的傑作由「銀座木村屋」的創業者木村安兵衛所發明。安兵衛在一八一七年出生在常陸國河內郡田宮村（現茨城縣牛九市），他是家中的次男，父親是武士長岡又兵衛。後來他與下總國北相馬郡川原代村中坪（現千葉縣龍崎市）木村安兵衛家的長女文成親，成為贅婿。離開江戶後成為藏番（倉庫管理員），負責管理紀州家的倉庫，但到了一八六六年的明治維新，他去了為失業武士設立的職業介紹所，也就是「東京府授產所」擔任事務的工作。在那裡，他首次接觸到麵包，也下定決心要開麵包店。

長崎・出島曾是日本與荷蘭之間的貿易通商口岸。木村安兵衛在授產所遇到了梅吉，他自稱曾經被異人館（明治時代外國人所居住的住宅）雇用為廚師，所以會做麵包。於是，安兵衛雇用他為麵包師。接著在一八六九年三月，他選擇在旅客來往頻繁的芝日陰町（現在的JR新橋站一帶）開了麵包店「文英堂」。可惜沒多久文英堂就慘遭祝融，到了隔年，終於在京橋區尾張町重新開張。尾張町就是現在的銀座，據說當時是人跡稀少的荒涼地區。

木村屋以火災為藉口，趁機解雇了梅吉。因為梅吉烤出來的麵包，和店內實際負責人——安兵衛的次男英三郎，在橫濱的外國人居留地吃到的麵包無法相提並論。英三郎重新雇用曾經在橫濱居留地工作的麵包師傅武島勝藏，重起爐灶。

麵包店在東京開業有幾點不利之處。東京的外國人少，而且也不易取得做麵包時不可或缺的酵母。當時，橫濱使用的是啤酒酵母的啤酒花。美國人威廉・柯普蘭（William Copeland）一八七〇年在橫濱建立日本史上第一間啤酒工廠，因此酵母變得容易取得。順帶一提，這間日本史上的第一間啤酒工廠的廠地，後來被日本人接收，成立了麒麟（KIRIN）啤酒。

木村父子經過多方嘗試，最後採用日本酒的酒麴製作麵包。根據《銀座木村屋紅豆麵包物語》（銀座木村屋めんパン物語）的內容，「銀座木村屋」的酒種酵母使用的是釀酒用的米，為了採取麴菌，他們把用井水煮好的米放在筑波山的岩棚，以收集浮游在空氣之中的麴菌，當作酒種使用。

但是，和用啤酒花製作的麵包相比，採用酒麴製作的麵糰膨脹效果不佳，口感很硬。對日本人而言是從未嘗試過的陌生食物，銷路非常慘淡。木村父子為了做出符合日本人口味的麵包，每天苦心研究，最後開發出像日式甜饅頭一樣，把紅豆餡包在裡面的方法。

紅豆麵包耗費了六年才開發出來，果然如同為日本人量身訂做般合胃口。柔軟的外皮搭配紅豆餡的絕妙組合，口感和日式甜饅頭和中式豆沙包相同。雖然是麵包，吃起來卻像和菓

紅豆麵包的種類繁多。有豆餡、去皮的豆沙餡、豌豆餡等。表面的裝飾也有鹽漬櫻花瓣、芝麻、罌粟籽等。

子（日本傳統點心的通稱）一樣，帶著酒饅頭的香氣。自從「銀座木村屋」改良後的紅豆麵包問世，日本人不但就此接受了麵包，也為包餡麵包的開發及發展開創各種可能性。

紅豆麵包普及的最初契機是因為明治天皇。不時光顧木村屋的道館主人山岡鐵州曾擔任明治天皇的侍從。基於「設想周到，而且味道和香氣很符合日本人的胃口，讓我打從心裡佩服」《麵包的日本史》（パンの日本史）的理由，他向木村父子提出想要把紅豆麵包介紹給明治天皇的想法。

當時，宮中的點心長久以來都是由京都的甜點店負責供應，要向天皇呈上新的點心很困難。於是鐵舟想出一計：他看準明治天皇訪問位於東京向島下屋敷（住在江戶的大名的別墅）的機會，獻上紅豆麵包當作茶點。那天是一九七五年的四月四日。

為了表現出季節感，木村屋在紅豆麵包的正中央塞進了從奈良吉野送來的鹽漬櫻花瓣。隱約的香氣和鹹味，與紅豆形成了絕妙組合，不但天皇陛下吃得非常滿意，連皇后的胃也被紅豆麵包收買。「銀座木村屋」的紅豆麵包在成為宮內省御用達（皇室指定專用店）之後開始暢銷。如果不是先受到天皇陛下的青睞，紅豆麵包可能需要更多時間才會熱賣。若是運氣不佳，說不定就此絕跡。如此一來，日本的麵包史恐怕會大不同吧。總之，麵包對明治時代的人們而言，就是如此特殊的存在。

推廣麵包的武士

麵包開始大量生產，契機源自於幕府注意到麵包可以當作兵糧的可能性。

一八五三年，美國的馬修・培理（Matthew Perry）提督率領著黑船駛入浦賀的海面。來自歐美的威脅讓日本舉國一片驚慌。有人以透過荷蘭所得到的情報為依據，主張日本應該開國，也有人主張尊皇攘夷，要求還權天皇，抵禦外夷。在對外開戰的意識不斷增強之中，長州藩、薩摩藩、水戶藩和幕府開始研究麵包。

以下我將引用《麵粉的飲食文化史》（コムギ粉の食文化史），簡單說明為什麼麵包適合當作兵糧的理由。

「麵包很輕，攜帶方便。耐放又容易消化，不論身在何處都可即食。在戰場上煮飯會有煙，但麵包可以一次烤很多」。

最早專為日本人製作麵包的是伊豆韮山的代官江川太郎左衛門坦庵。他同時也是一位研究蘭學（經荷蘭人傳入日本的學術、文化、技術的總稱）的學者。一八四二年四月十二日，坦庵在自己家裡蓋了烤麵包的窯，開始試做麵包。動手烤麵包的人是曾在長崎荷蘭商館擔任廚師的作太郎。

一八五四年，普提雅廷提督率領著俄羅斯艦隊來到日本要求開國，卻因遇到了安政大地震而滯留日本，所以幕府下令緊急替他們打造回國用的軍艦，另外也要供應麵包。

在緊接著的內戰中，麵包馬上被當作軍糧使用。函館的五稜郭在一八六九年，為了戊辰戰爭而準備了兵糧麵包。西南戰爭期間，政府軍也準備了軍用麵包。

用麵包治療疾病

維新前後是連年戰亂、動盪不安的年代。政府鑑於在西南戰爭中，腳氣病的患者不斷增加，因此在神田一橋設立了國立腳氣病醫院，以研究如何防止病發。西南戰爭期間，重症患者都被送入由德國人經營的醫院，結果，吃了醫院提供的麵包，腳氣病因此痊癒的患者不斷增加。這點也成了設立醫院的契機。

國立腳氣病醫院為了決定採用東洋醫學或是西洋醫學，讓兩方的醫師展開競賽。東洋醫學的醫師使用白粥和梅乾，而西醫用的是麵包和牛奶。至於評價方面，雖然外界的看法不一，但最後採用了西洋醫學，也因為如此，德國醫學從此獲得認可。

腳氣病是從江戶中期開始增加案例。症狀包括腳部浮腫、身體倦怠無法起身等。當時還不知道發病的原因為何，所以被視為難治疾病。第十三代將軍德川家定、第十四代將軍德川家茂等人也死於腳氣病。腳氣病又名「江戶病」「大坂腫」，原因是罹患此病的大多是從地方來到都市的人。

最後，東京帝國大學（現東京大學）的農學部教授鈴木梅太郎釐清了病因。他從故鄉靜岡縣來到東京時，也曾經罹患過腳氣病，他為了找出在明治時期肆虐於軍隊、奪走多條人命的疾病原因，在日俄戰爭結束的同一年從德國學成歸國後，立刻投身研究。

在軍隊中因腳氣病死亡的人數不斷增加。明治時代後期，對外戰爭持續不斷。包括從一八九四年持續到隔年的甲午戰爭、一九〇四年開始到隔年的日俄戰爭。海軍部的軍醫高木兼寬確信病因是飲食所致，在他把兵糧調整為以麥飯和麵包為主的西式飲食後，患者的人數大減。另外一派是陸軍軍醫森林太郎（鷗外），他主張腳氣病是傳染病，並未更換以白米為主的軍隊伙食，導致出現大量患者和死者。

當時，地方庶民的主食是麥飯、加了稗子等雜穀的雜糧飯、薯芋類、烏龍麵等麵食，只有在特殊的節慶場合才會吃白米。但是，來到江戶進入軍隊以後，日常主食成了白米，提高了罹患腳氣病的風險。鈴木梅太郎在一九一一年發表的文章指出腳氣病的原因是患者體內缺乏米糠含有的維生素B_1。如今我們已經得知，只要保持飲食的營養均衡，就不會罹患腳氣病。但是當時營養學尚未確立，麵包被視為可以預防和治療腳氣病的食物，因此在歷經甲午和日俄戰爭之後，銀座木村屋的的紅豆麵包開始熱銷。

順帶一提，日本人到了大正時代中期，才開始知道造成腳氣病的原因是缺乏肉類等麵包以外食物所含的維生素B_1。在一九五五年左右，一年死於腳氣病的人數才降到一萬人以下。

即將邁入現代時，先注意到麵包並推廣到全日本的是武士，接著是軍人。被帶入戰場的麵包，隨著時代的變遷，被視為米飯的代用品而備受注目。

2 由德國人打造的日本麵包街道

走在時代尖端的都市——神戶

根據總務省的家計調查，二〇一三～二〇一五年，日本全國五十二個都市（都道府縣廳所在地及大都市）的家庭平均麵包消費金額以京都市拔得頭籌，第二、三名分別是神戶市和岡山市。排名前十的都市有七個都位在關西，而世界屈指可數的美食之都東京二十三區則是排名十三。二〇〇〇年之後，一直是京都市和神戶市在競爭寶座，不過，神戶市喜歡麵包的形象早已深植人心。第一，神戶市擁有全日本都知道的知名麵包店，而且身為開港城市，很早就吸收外國文化，已累積了豐厚的文化底蘊。

一般而言，日本人偏好的是紅豆麵包、長條形夾餡麵包等外皮柔軟的麵包。但是，在神戶較受歡迎的，卻是法國麵包等硬皮麵包。不僅是帶蓋吐司（角型吐司），連外皮較硬的山型吐司也大受歡迎。

不過，硬皮麵包並不是一開始就受到神戶人的青睞。調查昭和初期飲食生活所寫成的《日本的飲食生活全集28口述訪談兵庫的飲食》（日本の食生活全集28　聞き書　兵庫の食事），記述了麵包在當時神戶人生活中扮演了何種角色。

「早上去買麵包是小孩子的工作。『Freundlieb』（フロインド・リーブ）的德國麵包表皮很硬。『Central Bakery』（セントラル・ベーカリー）的英國麵包很軟，很符合神戶人的胃口」。

即使在神戶，麵包文化剛開始紮根時，最初大家喜歡的也是柔軟的麵包。換言之，人對口味的喜好會隨著時間改變。我們從一向負責帶領風潮的東京，可以窺見最新的消費文化，但消費者非常容易喜新厭舊，所以一時的流行要成為固定的常態商品或擁有穩定的基本盤很困難。神戶雖然是地方都市，但從早期便一直接觸海外，因而成為新文化最早生根的指標城市。本章節將以今後會成為日本指標的神戶，如何孕育麵包文化的過程為主題，和各位一探究竟。

神戶在一八六八年開港。比一八五九年開港的神奈川（橫濱）港、箱館（現函館）、長崎港晚了九年。原因是朝廷顧忌神戶距離京都很近，又牽涉到朝廷與幕府、歐美錯綜複雜的關係和政治角力。因為居留地的建設來不及完成，結果造成居留地周圍形成了外國人和日本人混合居住的「雜居地」。神戶人號稱個性開放，喜歡接觸新事物，其實這種特質是受到身邊有許多外國人的影響所致。

居留地在一八六九年，有兩間分別由法國人和英國人經營的麵包店開幕。

橫濱市的麵包店開店時間比神戶早，日本目前歷史最悠久的麵包店是位於元町的Uchiki麵包（ウチキパン）。有關Uchiki麵包，我將在第三章介紹。橫濱是麵包店的先驅，但是它在一九二三年因關東大地震而受到重創。關東大地震的地震規模高達七．九，從房總半島到靜岡縣東部的沿岸地區，都受到此震度七的強烈地震襲擊，橫濱市也遭受毀滅性的損害，無法繼續發揮開港地的功能。這時，有許多外國人離開日本。卡爾．尤海姆（Karl Juchheim）同樣在橫濱市失去了店面，他也離開橫濱在神戶重新出發。

出於政治上的理由，神戶成為接收來日外國人的大本營。俄國大革命爆發後，由從俄國逃入日本的俄國人創立的摩洛索夫（Morozoff）、岡佳樂夫（Goncharoff）等甜點店也在神戶落腳。也有不少在第二次世界大戰中，從德國逃到日本的猶太人。這些外國人在神戶落地生根，帶來未知的文化，在日本一步步茁壯發展。神戶在第二次世界大戰前，是僅次於東京和大阪的第三大都市，隨著身為舶來文化發源地的角色逐漸吃重，麵包也逐漸發展為新的文化。

當作米飯的代替食品

接下來我想介紹，原本日本人一提到麵包，只會想到當作點心的紅豆麵包或兵糧，但後來為何會把麵包當作主食？讓神戶扮演的帶動麵包文化的角色釀就了這個轉變。

麵包文化之所以在日本紮根，和進入現代以後，日本幾度遇到稻米歉收有很大的關係。其中比較嚴重的兩次是一八八九年和一八九七年的大歉收。這兩次歉收發生時，除了引發暴動，也同樣帶動了吐司的銷路。

另外，歷經了甲午戰爭和日俄戰爭之後，習慣吃麵包的人也愈來愈多了。麵包的大眾化也推動了西洋料理的普及。隨著一八七一年的肉食解禁，西式料理一舉進入日本的飲食生活。上流階級開始雇用西廚，西式料理出現在宴會等各種場合的頻率也愈來愈高。也有人在高等女校和料理學校學習西式料理。

日本在兩場戰爭的催化下進入產業革命，隨著企業陸續建立，逐漸形成了屬於中產階級的受薪族群。以中產階級主婦為讀者群的雜誌《料理之友》（料理の友）、《主婦之友》（主婦の友）等都在大正時期創刊。透過媒體的報導，她們得以一窺上流階級的生活。出於對上流生活的嚮往，把麵包當作早餐來吃，也是合情合理的選擇。

因留學而曾在歐美住過一段時間的人，為懷念當地的飲食，自然也會把麵包加入日常的飲食生活。

我不知道有沒有人會說「既然沒米吃麵包就好」，但是，覺得困擾、因為美味，或是想省事就吃麵包的人增加了。就在此時，一九一八年從富山縣開始爆發的搶米暴動，如野火燎原般擴大到全國。

大正年間的搶米暴動是歷史重大事件，直到現代都廣為人知。這場暴動的起因源自於戰爭。從一九一四年到一九一八年，日本也參與了第一次世界大戰，造就了軍需產業的榮景，也讓一批人大發戰爭財，但勞工卻因為物價翻騰而苦不堪言。此外，一旦產業發達造成人口往都市集中，對米的需要自然也隨之提高。就像江戶和大坂庶民吃的是米一樣，在都市生活的人也是以米為主食。

一九一七年爆發俄國大革命後，日本也出兵到俄國。商人們看準了戰場上的需求會大為提高，購買大量的米囤積，造成百姓無米可買的窘境。日子原本就不好過，現在居然連米飯都吃不到，人民的怒火自然是一發不可收拾。

在動盪的局勢中，有人認為，只要找到米的替代品，應該能平息暴動，於是開始經營麵包店。該人就是盛田善平，也是敷島製麵包（パスコ）的創業者。

借助德國戰俘的力量

盛田善平出生於一八六三年，為家中的五男，家族在愛知縣知多郡小鈴谷村（現常滑市）經營釀酒廠。但是，進入明治時代後，隨著酒稅法的修正而歇業。此時善平已經長大成人，受到親戚家 Mizkan（以製造納豆和調味料為主力的公司）第四代傳人中埜又左衛門之託：「我想釀啤酒，你來幫我吧！」因而加入釀啤酒的事業。順帶一提，Sony 的創業者盛田昭夫和善平也是親戚關係。

以「加武登」（カブト）為品牌名稱的啤酒事業雖然獲得成功，但日俄戰爭結束後帶來的好景氣，卻因第一次世界大戰後的經濟恐慌而變得蕭條，啤酒也跟著滯銷。於是，善平賣掉了啤酒工廠。因為他已經在這段時間著手新事業，並且獲得成功。

所謂的新事業，就是敷島屋製粉工廠，以用來替棉布上漿的糊為原料製作麵粉。當時工廠是用美國的小麥來製作糊。日本國產的小麥，必須使用到水車、牛隻、人力磨石臼，研磨出來的粉末顆粒太粗，不適合製造糊。善平引進英國製的製粉機，以國產小麥製作出品質比進口品更勝一籌的麵粉。製作好的麵粉，可當作烏龍麵和碁子麵（名古屋特有的扁平烏龍麵）的原料。因為需求量日益提高，事業也跟著不斷擴大。

善平看好飲食西化的發展性，另外挑戰製作通心麵，但卻遲遲無法掌握將麵條穿孔的技術，一再受挫。這時，他遇到了麵包。

當時正值第一次世界大戰。日本在中國青島與德軍作戰，在各地設立收容德國士兵的俘虜收容所。名古屋的俘虜收容所則在古出來町。

敷島製粉工廠因為德國製的瓦斯發動機無法順利使用，因此善平託人替他介紹俘虜收容所裡的技師，要對方幫忙修理。善平聽到護衛兵說俘虜們烤出來的麵包很好吃時，想到如果請這些會做麵包的德軍指導，自家工廠就可以生產麵包。再加上正值白米暴動時期，讓他決定投入製作麵包的新事業，以解決糧食不足的問題。

在德軍俘虜的指導下，善平打造了試作窯，烤出了美味的麵包，在當地的半田進行試賣，如果馬上銷售一空。試賣的結果讓善平信心大增，最後在一九一九年召開了創立大會，敷島麵包也就此誕生。

同一年，日德締結講和條約，原本被俘虜的德兵也可回國。當善平知道名古屋的俘虜收容所裡，有人考慮想留在日本，便雇用了他。這個人就是Heinrich Freundlieb。日本ＮＨＫ晨間連續劇《風見雞》（風見鶏，一九七七年播出）中出現的麵包店，便是以神戶的名店「Freundlieb」為原型。

在Freundlieb的指示下，工廠蓋起了德式的大型石窯，另外，他也指導了麵包的製作方式和烤法。一路延續至今的敷島麵包就此展開了事業的起點。

帶來異國文化的俘虜們

戰爭會帶來殺戮與破壞，但也開創出士兵間文化交流的契機。舉例而言，日本的中華料理，奠基於以中國為戰場的三場戰爭。在製作醃漬物及火鍋料理都不可欠缺的白菜種子，就是由參加甲午和日俄戰爭、出身於農家的士兵們帶回日本的。透過這兩場戰爭和商業的交流，喜歡中華料理的人愈來愈多。第二次世界大戰結束後，日清食品的創業者安藤百福，在被轟炸得滿目瘡痍的街頭，看到大排長龍的拉麵店，因而靈機一動，產生了開發速食麵的構想。從滿州被遣送回日本的人們，也帶著煎餃一起回來。

第一次世界大戰結束後，還為日本帶來了德國的飲食文化。被收容在日本各地的戰俘，基本上都得到良好的待遇，舉例而言，松平健和布魯諾岡茨主演的電影《鬍子的樂園》（バルトの楽園，二〇〇六年），對這方面便有很詳細的描繪。這部作品以德島縣鳴門市的板東俘虜收容所為舞台，描述日本人與德國俘虜之間的交流。本片依據真人真事改編，片中也出現被俘虜的樂團在日本首次演奏貝多芬《第九號交響曲》的情節。

創立年輪蛋糕店「Juchheim」（ユーハイム）的 Karl Juchheim、把里肌火腿片引進日本的食品廠商——Lohmeyer 的創業者 August Lohmeyer，也都是在青島戰役中被俘，後來被送到日本。Heinrich Freundlieb 也是其中一名戰俘。

被送到俘虜收容所的德國人自己烤麵包似乎並不是特例，麵包業界發行的《麵包的明治百年史》（パンの明治百年史）便有提到，「到處都蓋了德式的烤窯，不但能製造德國式的麵包，日本的麵包師傅也有機會學習德國優秀的麵包的技術」。換言之，百年前的日本，製造麵包的技術未臻成熟。名古屋也是如此，因為大家都說市售的麵包難吃，俘虜們才開始烤麵包。

為敷島麵包奠下基礎的Heinrich Freundlieb，出生於一八八四年德國中部圖林根的一個小村莊。他的雙親和弟弟皆早逝，十四歲時就在麵包店當學徒。

一九〇二年，十八歲的他加入海軍。他在有「東洋的珍珠」美譽的埃姆登號小巡洋艦服役，負責烤麵包。一九一二年，他在青島開了麵包店；一九一四年第一次世界大戰爆發後，他應召入伍；一九一七年被日軍俘虜，之後被送到名古屋古出來町的俘虜收容所，一直待到一九一八年戰敗。

第一代 Freundlieb、妻子 Yon、兒子 Freundlieb 二世（照片提供：Hera · Freundlieb · 上原）。

一九一九年，他被聘為敷島麵包第一任的總烘焙技師。他留在日本定居，隔年和高木結婚，生了長子 Heinrich Freundlieb 二世。後來舉家在一九二二年搬遷到兵庫縣中山手通，隔年開了麵包店「Freundlieb」。

德國麵包店的故事

「Freundlieb」目前由出生於一九四四年的第三代 Hera・Freundlieb・上原負責經營。上原女士開始在店裡工作是半個世紀以前的事，當時有許多停留在神戶港的外國人向店裡下單。「每個國家的客戶要求都不一樣，我們也曾經接到急單，對方說『明天要五十條』，我們只好連夜趕工，一整晚都在烤麵包。」店附近住了許多外國人，幫傭一早就來買麵包回去當早餐，所以據說從早上七點開始營業。不過，隨著時代改變，一早就光顧的客人減少了，所以現在改為早上十點開始營業。

連續劇《風見雞》播出後引起廣大迴響，促使上原女士雙親所居住的北野町——原本只是以外國人為主的住宅區，搖身一變為觀光景點「北野異人館街」。

「我一時不小心開了門，看見有人正往房子裡探頭探腦，而且還走到院子裡。人太多，多到我爸媽只能等到傍晚才能夠出去散步」。

Hera・Freundlieb・上原女士。

在第二次世界大戰之前，據說連同分店和餐廳加起來，Freundlieb 擁有約十間店面。店內僱用的麵包師傅，有許多是俄國大革命爆發後，從俄國逃到日本的白俄羅斯人。另外，也有許多將來要繼承麵包店和點心店的繼承人到店裡當學徒。二代當家的時候，店裡會舉辦獨家的考試，合格者會收到「一個木盒，上面有老闆的簽名，裡面裝了攪拌器等簡單的烘焙器材」。

據說第一代店主和相處時間不長的兒子處不來，上原女士對他的印象是：「個性很嚴厲的人」。不過，他也有令人意外的一面。像是「他會找很多朋友來，發給每人一箱啤酒，然後大家一起邊喝邊打撲克牌。看到有放學要回家的小朋友，他也會把店裡賣剩的蛋糕拿給孩童說：『給你帶回去吃』」。

第二代店主為了學習製作甜點的技術，十二歲就遠赴德國進修。「麵包師傅在歐洲的地位非常低，所以我想祖父才會希望爸爸成為甜點師傅吧」。第二代店主在十九歲學成回到日本，但第二次世界大戰已經開打，因此加入了德國海軍，後來在下薩克森與德國女性結婚，生下了上原女士。戰爭結束後，他通過了德國的國家高等考試，取得了「Meister」的資格，最後在一九五一年回到日本。之後他在敷島麵包工作了大約兩年，定居於名古屋。第二代店主在一九五五年將麵包店公司化，成為社長，第一代店主也以七十二歲之齡辭世。

另一方面，留在日本的第一代店主夫妻則是在食材短缺以及飽受對外國人的責難眼光中度過了戰爭歲月。上原女士表示，「戰爭的時候，麵包店好像經營得很辛苦。有些我從小就認識的猶太人孩子，他們的爸媽如果一到店裡，店裡的人就會偷偷從櫃檯下面拿麵包給他們。雖然製作麵包的材料不足，但如果遇到熟人，還是會想辦法和他們分享」。神戶的店在大空襲的時候被燒得一乾二淨。之後，上原家找了三十坪左右的營房，重新出發。

祖父和父親都從戰爭歷劫歸來。身為第三代的上原女士，所歷經的苦難則是地震。一九

現在的 Freundlieb。以 1929 年由美國建築師沃瑞斯所設計的神戶聯合教會改建而成。

九五年一月十七日，神戶市和淡路島發生了地震規模達七・三的阪神・淡路大地震。

「我父母住的異人館是超過百年的老房子，地基歪了大約一公尺。窗子都震歪了，到處都是破洞，暖爐裡的磁磚全部掉到房間裡。但很神奇的是，餐具和蒐集多年的古董都安然無恙。」

當時，位於神戶市西部的須磨還設有工廠，位於店面和工廠之間的長田區則發生嚴重火災。上原女士的先生為了確認工廠員工們是否平安無恙，開車穿越過災區。工廠的建築物雖然沒有受損，但是管線設施完全被破壞，花了半年才恢復正常。

「當時，為了確認建築物裡還有沒有受傷的人，即使門完好無缺，自衛隊也會破門而入。為了避免自家商店受到破壞，我們特地貼了一張紙表明『裡面沒有人』。結果客人卻在紙上留言『希望能快點吃到麵包』，讓我們期許自己一定要趕快恢復營業。」

「Freundlieb」的麵包是手工製作，雖然樸質簡單，吃起來卻香氣十足。一九九九年頂下了原本是教會的建築物，當作新店面使用。二〇一六年一月，美國駐日大使凱洛琳・甘迺迪在造訪神戶之際，也在店內附設的咖啡廳享用三明治當作午餐。直到今天，Freundlieb 依然是神戶引以為傲的麵包名店之一。

Meister 的基因

Freundlieb 一世最早收的徒弟，在一九三一年於神戶市東灘區岡本開了「Furoin 堂」（フロイン）。岡本車站周圍是文教區，灘中學・高中、甲南女子大學等私校都在附近。車站前林立著一整排漂亮時髦的店家，但一離開站前，就是連綿不斷的閑靜住宅區。居民有不少外國人或是曾經在國外生活的企業員工等，想必這樣的環境也有利德式麵包店的經營吧。

第二代和第三代店主目前在店裡仍用紅磚製的石窯烤麵包。製作吐司時，完全以手工揉製麵糰，味道清淡，吃起來很有彈性。吐司是店內的人氣商品，有時在傍晚前就銷售一空。

目前仍在服役的紅磚石窯和竹內善之先生。

第一代店主竹內善次郎在一八九七年出生於金澤市。他是Freundlieb一世太太的外甥，最早是在麵包店裡幫忙。善次郎的長男善之是第二代店主，他說他對Freundlieb一世的印象是，「身材高大，肌肉結實。長相雖然兇悍，其實內心很溫柔。我每次去玩，他都會和我在工廠一起做動物造型的巧克力送給我。因為他是外國人，還在打仗的時候，他只能窩在家裡不出門，我覺得很可憐。」

Furoin堂以Freundlieb分店的型態於一九三二年在目前的店面開業。這一年，善之先生也出生了。善次郎在「Freundlieb」的工廠工作，再把做好的麵包送到Furoin堂的店面銷售。但戰爭開始之後，就沒辦法這麼做了。然而，善次郎不屈服於時代的亂流，他選在神戶市西部的名谷，把山路開闢成田地，種植小麥。考慮到將來要獨立營業所需，一九四四年，他在店裡的地下室用紅磚砌出石窯。不過，直到一九五〇年左右，Furoin堂才開始獨立生產麵包。

但是，戰後的復興才剛開始，擔心麵包店未來恐怕沒有需求的善之，這時已經從高中的電氣科畢業，以無線技術士的身分到電氣通信省（前身是日本電信電話公社，從一九八五年轉為NTT）就職。善之先生告訴我，當年美國總統甘迺迪被暗殺時，他是最早收到影像的；一九六四年舉辦東京奧運的時候，他也以內部人員的身分參與了電視轉播的工作。工作讓他忙得不亦樂乎，但是父親在他三十六歲那年（一九六八年）過世。歷經兩年的猶豫與迷惘，他終於接下父親的衣缽，繼承了麵包店。

在他煩惱的這段時間，曾經挨過不少客人的罵。像是：「你想做自己喜歡的工作是很好，但你要我們這些捧場這麼久的老客人怎麼辦」。

「最後是我太太從背後推了我一把，才讓我下定決心」。

多虧以前每到周末都會幫忙父親，善之先生對麵包的製作略知一二。

決定要繼承麵包店後，善之先生向 Freundlieb 二世報告了這件事。當時二世對他說的話，至今他仍然牢記在心。

「材料（的份量）不能小氣，要用最好的材料，盡最大的努力去做。只要堅守這三個原則，做出來的東西就不會輸人。」

「我的父親之所以能夠在這裡做麵包，都是拜 Freundlieb 所賜。因為父親的教導，我還記得那個味道，所以我想，無論如何我都要讓麵包店延續下去。」

買不到柴薪以後，幾年前在石窯裝了瓦斯管線，不過，保留用手工揉製麵糰的做法，這點兒子也很贊同。我到店裡採訪的時間已經是營業時間結束之後，但有些顧客看到燈還亮著，還是走進來買麵包。看著善之先生一臉和顏悅色地和顧客閒話家常，我相信他一定也會把這種每天吃也吃不膩的好味道傳給兒子吧。

3 丹麥麵包和自助式店面

由移民所建立的麵包文化

接下來把舞台移到廣島。現在，幾乎每一間麵包店都是採取讓顧客自行拿著托盤夾取麵包，再到收銀機結帳的作法，這作法就是起源於廣島市。第一個採用這種作法的，是以連鎖店型態在全國展店的 ANDERSEN 麵包集團（アンデルセン）。

廣島縣的面積約有七成是山地，適合作為農地的平原地帶很狹窄，所以在第二次世界大戰之前，有不少人離鄉移民到美國等地。移民們不一定就此在當地長久定居，有些人賺了錢會回到故鄉，而且很多人會帶著在美國學成的技術回到日本，其中也包括麵包店。根據總務省的家計調查，二〇一三～二〇一五年，每位廣島市民的麵包平均支出金額高居全國第九。不過這股對麵包的高度喜愛，或許可以歸因於曾經離鄉背井的人們所奠定的基礎。

說到廣島市的麵包文化，絕對不可忽略的另一個重點是，這裡是甲午戰爭時日軍的大本營，即使在戰爭結束之後，這裡也還是軍隊的重要據點。作為兵糧的麵包必須大批生產，麵包製作的技術因此有所提升。但是，廣島市因其地理位置的重要性，也招致了悲慘的命運。一九四五年，廣島成了史上第一座遭受原子彈轟炸的城市。雖然投下的原子彈僅有一顆，但造成的破壞號稱「七十年內寸草不生」。即使如此，曾經一度被疏散的居民們還是立刻回來，搭建了臨時居住的小屋，重新生活。

曾任陸軍情報將校的高木俊介和妻子彬子，於一九四八年在廣島比治山橋的山腳下開了麵包店「高木麵包」（タカキのパン）。戰爭結束之後，高木曾經在新加坡的麵包工場，吃到了英式的山型吐司，始終念念不忘當時吃到的滋味。他雇用了一位麵包師傅和一名女性幫手後決定開店。麵包店開張後，味道廣受好評，沒有多久，在廣島縣委託代售的商店就擴張到近二十間，最後在一九五一年公司化。以「高木麵包」的名稱所經營的麵包批發業務，目前仍是ANDERSEN集團的重心之一。《ANDERSEN物語》（アンデルセン物語）一書中提到，在日本，還沒有「把麵包當作正餐的生活習慣。Anderesn想做的，就是從根本改變這個習慣」。

高木夫妻抱著推廣麵包文化的理念，在推出某項新產品時，同時也開始引進新的銷售方式。這項產品就是從餐廳被挖腳而來的麵包師傅所製作的三明治。一開始只開發火腿和馬鈴薯三明治兩種口味。六年後，店面加入咖啡廳擴大營業，銷售的三明治品項也增加到十幾種以上。

自助式麵包店

一九六七年，高木夫妻買下一棟位於本通的建築物，在這棟文藝復興風格的漂亮建築物中，開了麵包和餐廳的複合店「廣島 ANDERSEN」。這棟建築物也曾歷經原子彈轟炸，竣工於一九二五年，原本是三井銀行廣島分店。位於轟炸中心點（爆央）的西面牆壁大半都崩壞，屋頂也掉落了一半。建築物修復後，三井銀行、廣島銀行都曾進駐，之後也曾作為農林中央金庫廣島分店使用。高木會買下這棟建築，是當初有人遊說他：「你要不要買大樓」。

為了決定這棟建築的用途，高木夫妻前往歐洲考察。當他們在羅馬看到某個甜點品牌以古老建築物當作店面的直營店，便決定把剛買下的建築當作店面使用。但是，這棟建築為了保持強度而使用了大量的柱子，所以使用上受到許多限制。當時，麵包店大多把麵包陳列在展示櫃內，讓店員替顧客夾取。高木夫妻即將開幕的新店，原本也不例外的預定採用這種方式，但是後來發現，因為柱子礙事，沒辦法把展示櫃搬到店內。

一番思索之後，最後高木從自己以前去歐美各國考察時，在墨西哥工廠拍攝到一張堆滿點心的架子的照片得到靈感。把麵包排放在架子上，讓顧客自行挑選的自助服務方式，其實是為了解決支撐建築物的柱子會擋到展示櫃的權宜之計。

這種自助式的陳列銷售方式也引起其他店家的注意，甚至有些店家前來參觀準備中的店面後，想回去搶先一步引進。後來業者也知道讓顧客自己拿著托盤挑選想買的麵包，購買量常常會超出預期。於是這種方式逐漸流行起來，成為全日本都採用的方式。

二〇一五年，這棟一路見證戰前廣島繁華的寶貴建築物，為了提升耐震度而決定進行全館整修，因此在二〇二〇年前暫停營業。

丹麥麵包所開創的新路

由 ANDERSEN 首創的另一項嘗試，是在日本各地展開連鎖店。這項創舉的契機是引進丹麥麵包。

首先把時間回溯到一九五九年九月，高木參加了由日本麵包技術研究所安排的歐美考察。考察地點包括義大利、埃及、瑞士、法國、英國、西德、丹麥、美國、墨西哥九個國家。神戶屋等其他麵包店也參加了這次的考察之旅。

透過這次的海外考察，高木得到的最大收穫是在丹麥吃到了丹麥麵包。他是哥本哈根的飯店早餐中吃到丹麥麵包，麵糰裡和進了奶油，吃起來有好幾層，口感酥脆，是他從來沒有吃過的滋味。

於是，他找了當地的麵包師傅彼得森，請他到日本進行指導。最後在一九六二年，首次把丹麥麵包在日本商品化。這種對日本人還很陌生的麵包一開始銷路慘淡，但是一九七〇年

ANDERSEN 的丹麥麵包吃起來酥脆輕盈，屬於甜口味。

東京・青山的「青山 ANDERSEN」開幕後，卻大受歡迎，除了有人遠從橫濱一帶驅車前來購買，也有人請快遞送貨。

高木還有另一項尚待解決的課題——冷凍麵包的技術。如果可以把已經發酵的麵糰冷凍保存，就能隨時烤出美味的麵包，而且也可以縮短麵包師傅的工時，讓他們不必從半夜開始工作。

但是，透過這項技術以完成量產化的目標，花了七年的時間才達成。一九六七年當時的情況是，「原以為已經順利冷凍，但烤了以後，麵包的表面不是出現皺褶就是產生氣泡，根本沒辦法當作商品出售」。

於是，一九六八年時，高木又踏上考察之

旅，這次的目的地是北美和南美。當高木造訪美國康乃狄克州的Country Home公司，非常驚訝於該公司擁有效率絕佳的製造系統來生產冷凍麵包。於是他立刻召來公司的技術負責人城田幸信，鉅細靡遺地記錄下一切，包括製程到店內的配置、冷凍庫的廠商，以便吸收其技術。後來完成的方法，就是所謂的「麵包低溫製造法」。作法是以二～四度讓預備發酵的麵糰低溫發酵，熟成之後再以冷凍保存。好處是可以在需要的時候隨時烤麵包。

一九七〇年，第一間以這套系統製造麵包的工廠在廣島縣千代田町完工。工廠雖然在一九七二年取得專利，但高木卻毫無保留的將技術公開，用意是為了培養市場。

只要有了冷凍技術，工廠就可以一次生產出大量的麵包，然後再配送到店面。店裡不需要技術熟練的師傅，只要有烤箱，就能提供香噴噴的現烤麵包。這股在日本首創的麵包店新潮流，帶動了加盟麵包店的展店型態。

ANDERSEN集團從一九七二年推出了「小美人魚」（リトル・マーメイド）的麵包店品牌。東急集團的東急食品在一九七〇年推出了「Saint-Germaim」（サンジェルマン）、山崎麵包在一九八三年推出「Vie de France」（ヴィ・ド・フランス），神戸屋也從一九八二年推出「神戶屋廚房」（神戸屋キッチン）。

神戶屋的創業者桐山政太郎和高木俊介一樣出身於廣島。他在一九一四年就職於西村麵包。這是神戶最具代表性的老店。他擔任銷售員，負責把麵包配送到大阪。當時，西村麵包的產品很受歡迎，有時候他甚至必須搭乘阪神電車，一天來回神戶與大阪四趟。因此，促使他產生想要自己設廠的念頭。一九一八年，三十一歲的他，正式展開位於大阪出入橋的工廠的營業。他之所以把店名取為神戶屋，是想要借用神戶的品牌力量。

從一九七五年開的麵包烘焙餐廳「神戶屋餐廳」的神戶屋，同樣為了在日本帶動食用麵包的風氣而傾注許多努力。二〇一二年五月十七日，第二代社長桐山健一參加了財經節目《坎布里亞宮殿》（カンブリア宮殿）（東京電視台），他在節目中表示，「神戶屋餐廳」一直有很多顧客點白飯來搭配主菜的洋食，為了讓顧客挑選麵包當作主食，直到今天，他們仍絞盡腦汁在菜單的設計上下工夫。

ANDERSEN 則是靠廣告傳達麵包的魅力。舉例而言，他們從一九七二年開始，在報紙刊登早餐廣告。這個刊登期間長達二十年以上的廣告，內容並不是具體的商品介紹，而是以選擇麵包為前提，說明早餐的重要性。主食是飲食文化的重心，向大眾提出新主食的提案，等於企圖建構全新的飲食文化。

早餐吃麵包的家庭之所以會增加，有部分原因是受到歷經高度成長期之後，原本受到憧憬的歐美生活方式，已經逐漸普及於一般大眾。這樣的轉變有一部分是ANDERSEN所推動的結果。

4 一九六五年的麵包革命

最早當作正餐的麵包

接下來的主題我想聊聊法國麵包。我們所稱的「法國麵包」，主要是細長的棍子麵包，或者稍微粗一點的短棍麵包。除了上述兩種，法國還有可頌麵包等種類繁多的麵包。我們之所以把棍子麵包和短棍麵包稱為法國麵包，是因為棍子類的麵包以前曾非常流行，讓我們對法國的麵包產生刻板印象——形狀細長的硬皮麵包＝法國麵包。

法國麵包引進日本的歷史比想像的久遠，最早可追溯到幕府時代。法國麵包的材料非常單純，基本上只使用麵粉、水、鹽、發酵種子（酵母），而且以手工捏塑好麵糰再烤。

麵粉類食品的有趣之處在於，只要改變個體大小和形狀，就能享受各種不同的風味。正如義大利麵，只要粗細和形狀不同，適合搭配的醬汁也不一樣。法國的麵包有各式各樣的造型和大小。如果要品嘗外皮的口感和香氣，棍子麵包是首選；如果偏好口感柔軟的麵包體，短棍麵包會是很好的選擇。棍子麵包是二十世紀初期問世的麵包，一開始引進日本的形狀，可以想見應該是耐放、以手工塑型的橄欖球狀尖頭形麵包，也就是俗稱的小皮球（Coupe）。

幕府末年，政局動盪不安，相較於幕府有法國作為後盾，身為倒幕派的薩長（薩摩藩和長州藩）背後則有英國撐腰，因而得以建立現代化的軍隊。換言之，日本走向現代化的基礎，從接觸法國文化以後開始奠定。因此身為開港地，又是外國人聚居地的橫濱，首先普及開來的就是法國的麵包。

進入明治時代以後，薩長兩藩掌控了政府的中樞，所以引進英國文化成為當時的主流。

有如法國麵包代名詞的小皮球（正中央）和鄉村麵包等。

照片上方的細長型麵包是棍子麵包，下方略為短胖的是短棍麵包。

結果造成一八七七年以後，在日本說到當作正餐吃的麵包，指的就是要放入模子烤成的英式吐司。英式吐司的風靡現象，可列舉的因素包括英國的影響力增長、麵粉價格下降，日本麵包師傅的技術也大有提升等等，總而言之，吐司柔軟的外皮肯定也擄獲了日本人的胃。

話說回來，即使幕府垮台，把政權交給新政府之後，法國的勢力也不是完全從日本撤退。至少神戶還有法國人經營的麵包店持續營業。

和外國的交易一旦變得頻繁，就會產生飯店的需求。日本第一間正統的西式飯店，是一八六三年由英國人在橫濱居留地蓋好的橫濱俱樂部。經由日本人之手的第一間西式飯店則是一八六八年在築地居留地完成的築地飯店館。接著是江戶飯店，精養軒飯店則是在一八七二年完成。

一八七二年二月，築地居留所發生大火，飯店也完全被燒毀。同年九月，日本最早的鐵路——新橋到橫濱之間的路線開通，讓住在橫濱的外國人可以一日來回東京。有部分受到這點的影響，從此沒有在築地再度興建居留地。

但是，麵包的文化卻留在築地。在開幕當天慘遭祝融的精養軒飯店主廚，原本是在瑞士進修的瑞士人卡爾黑斯。他的名字以英文發音是「查理黑斯」，所以大家都暱稱他為「腳踏車黑斯」（查理的發音近似於腳踏車的日語發音）。飯店重建的規模比原來小，所以一八七四年，黑斯在築地開張的麵包店取名為「查理舍」（チャリ舍，舍在日文是小屋的意思）。

「查理舍」賣的是正統的法國麵包，備受好評。再加上黑斯後來迎娶日本太太綿谷好，因此，為日本麵包發展鞠躬盡瘁的他，也培育出多位烘焙人才。其中一位就是「新宿中村屋」面對三越進軍新宿的威脅時，為了挽救市場所聘請的石崎元次郎。《麵包的百年明治史》曾提到：「他（石崎）曾斷言，在東京，築地就是吐司的誕生地，並且說：『築地居留地會和紅豆麵包的元祖木村屋總本店在業界史上留下永不磨滅的一頁吧』」。

一八九七年，黑斯以五十九歲之齡過世。「查理舍」為他的弟子所繼承，據說直到昭和初期，都在京橋營業。

日本人的法國麵包店

日本現存最古老的法國麵包店，是位於東京文京區關口的「關口法國麵包」（関口フランスパン）。麵包店位於文教區，附近是日本女子大學和獨協中學・高中的校區。本店一開始是一八八八年，小石川關口教會（現為天主教關口教會）經營的孤兒院，為了讓院內孩子們就職而成立的麵包房。神父事先派遣院內的一個孩子長尾鉀二，到現在的越南和法屬印尼學藝。

從麵包工廠完工的隔年開始，白米連續三年歉收。和這點也有部分關係，總之，麵包的銷路超乎原本的預期。因此，教會從母國取得了石窯的建築施工手冊，找了日本工匠合田藤八蓋了石窯。為了烤出道地的法國麵包，連麵粉也從法國進口，因此除了在日的外國人和大使館，連西園寺公望等曾經留學法國的日本人也喜出望外。

此外，關口法國麵包也成為學校麵包的供應商，一八八八年由法國傳教士創辦的曉星學園，提供給寄宿生的伙食就包括法國麵包。《麵包的百年明治史》也收錄了在明治後期就讀曉星學校的校友對麵包的回憶。

「我們在運動場上聚精會神的運動，每天只要時間一到，我們每個人都會分配到一個用大竹籠裝的法國麵包。外型和木村屋的甜麵包沒有一點相似之處，吃起來是鹹的，味道很美味。我們單啃麵包，沒有奶油也沒有果醬，雖然說不上來是哪裡特別，但就是覺得很好吃。」

但是，一九一四年爆發了第一次世界大戰。法國成為主要戰場，教會孤兒院失去後盾，無以為繼。因此教會拜託熱心的教友高世啟三，請他接手麵包房。

高世的本業是小田原瓦斯公司的創業社長，但他還是接受了教會的委託，接手麵包店的經營。他蓋了新工廠，一九一六年把店名改為「關口法國麵包」，讓麵包店展開新的篇章。由於白米暴動頻傳，造成白米不足，麵包店的生意因而蒸蒸日上。高世意識到麵包的將來大有可為，在生意上挹注更多心力，使關口法國麵包獲得和「查理舍」並列為雙璧的好評。

由日本人繼承的正統法國麵包店，在第一次世界大戰期間，讓日本人逐漸養成把麵包當作正餐的習慣，所以，這時的東京已經差不多可以接受鹽味的法國麵包了。

法國麵包之神駕到

美國研究學者史迪威・卡普蘭（Steven Kaplan）熱愛法國麵包，他所執筆的《麵包的歷史追求全世界最棒的法國麵包》（*Le retour du bon pain: vne histoive contemporaine du pain, de ses techniques et de ses hommes*）中有提到，「日本現在做出來的法國麵包，可以追溯到三十年前以上、麵包開始在日本普及時，在當時屬於先驅的卡爾維爾式作法」。書中提到的卡爾維爾，才是讓法國麵包在日本紮根的大功臣。

雷蒙・卡爾維爾（Raymond Calvel）出生於一九一三年，老家在法國南部郎格多克・魯西永務農。他在麵包店當學徒的期間，在麵包講習會取得最優秀的成績，因此在一九三六年，他二十三歲那一年，被延攬至巴黎的國立麵包學校，並於一九三九年成為教授，對法國麵包的技術指導貢獻良多。

從雷蒙・卡爾維爾一再在《麵包的歷史》中登場，我們不難想像，在談到法國麵包的歷史時，他的地位絕對是舉足輕重，是不可或缺的重要人物。他在一九七八年從教職退休，轉任榮譽教授。之後，他的足跡幾乎遍及全歐洲、北美、南美、日本和中國，在各地進行指導，直到二〇〇五年逝世。

卡爾維爾第一次造訪日本是在一九五四年九月，當時他是受邀參加東京 Pannews 公司（現在的 Pannews 公司）和食糧 Times 公司聯合主辦，由農林水產省、厚生省（現為厚生勞働省，相當於衛生福利部）支援的國際麵包技術大講習會。另外擔任講師的還有來自加拿大的克洛赫斯、神戶的 Freundlieb 二世。針對麵包業界人士，歷時七十天、在日本十七處召開的講習會獲得熱烈的迴響，盛況空前。其中最受注目的是卡爾維爾向大眾展示的棍子麵包。

他所做的到底是什麼樣的麵包呢？以下我將引用《Bigot 先生的法國麵包物語》（ビゴさんのフランスパン物語）向各位說明。

「卡爾維爾教授製作的麵包，外皮又硬又脆，但內層的口感濕潤柔軟。麵包體的氣孔分布得很不均勻，散發著一股難以言喻的麵包香氣。」

當時在日本吃到的法國麵包，被形容為「除了用嘴巴用力咬，也得用手大力撕」，所以一般的麵包都是「氣孔小而均勻」。換句話說，卡爾維爾帶來的法國麵包，是日本人不曾見過的麵包。這種說法絕非誇大其辭，事實上，有人因為首次見到貨真價實的正統法國麵包，甚至感動到熱淚盈眶。另外，在場的某個年輕人，也因此萌生了有朝一日，一定要在日本烤出道地法國麵包的夢想。那人就是當時三十三歲，後來成為東客麵包（ドンク，DONQ）社長的藤井幸男。

通往正統派的道路

同一時間，日後扮演起影響日本法國麵包文化角色的「東客」也在神戶誕生了。

東客的前身是一九〇五年，當時三十歲的藤井元治郎在神戶兵庫區的柳原御旅筋商店街開業的「藤井麵包」（藤井パン）。元治郎出生於一八七六年，是家中的長男，家中經營醬油業。除了印刷店的本業，他也看準神戶的外國人多，對麵包的需求量高，於是開了麵包店。店內僱用曾經在長崎學習手藝的師傅。一九一九年，元治郎去世，麵包店由么弟全藏繼承。

一九二三年，全藏在兵庫區的湊川隧道西口角開了 Milk Hall（相當於現在的甜點咖啡廳）。店內以當時還很少見的商品櫃陳列蛋糕和甜甜圈，夏天也會推出冰淇淋和刨冰，其時髦新穎的作風非常引人注目。一九二八年，神戶有馬電氣鐵道（現在的神戶鐵道）通車，湊川成為起站，拜此地利之便，咖啡店的生意日漸興隆。兩年後，搬遷到兵庫區和田宮通的三菱重工神戶造船所附近。但戰爭爆發後，雖然店面有在營業，卻大多是休業，最後在一九四五年的空襲中被燒毀殆盡。

「藤井麵包」後來經由全藏的長男——幸男——之手捲土重來。幸男出生於一九二一年，他從高等小學校畢業後，便在店裡幫忙，後來拿到徵軍令去從軍，很幸運的平安歸來。在受到戰火蹂躪的生田區元町通（現為中央區元町）租了店面，一九四六年和住在附近的熟人藤木實一起開了麵包店。藤木很早就退出經營，但麵包店的生意之後依然興隆不墜，於是幸男把店的權利轉讓給父親和弟弟昇三，自己再開新店。一九四七年，這間在生田區三宮町柳筋（現中央區三宮町）開張的新店就是「東客」。

東客一開始主要的業務是麵包和西式點心的批發。東客生產的品項有吐司、紅豆麵包、果醬麵包、奶油麵包、大亨堡夾餡麵包、麻花捲甜甜圈、蘋果派等麵包店的基本款。東客透過獨家的人脈採購優質原料，生產的麵包雖然價格昂貴，但是據說「零售商早上六點就搭著頭班火車從大阪趕來，在店門前加入大排長龍的行列」《東客的100種美味麵包的誕生故事》（ドンクが語る美味しいパン100の誕生物語），由此可見麵包搶手的程度，忠實顧客當然也愈來愈多。

一九五一年，幸男把東客公司化，在目前本店的所在處，也就是三宮中心街的 **Tor Road** 一角，推出直營店。另外也挖角原本任職於新大阪飯店（現為麗嘉皇家酒店）的本間喜久夫，聘他為麵包顧問。直營店的一樓販售西式點心和麵包，二樓是咖啡廳。這間店很快成為社會名流的聚集地，包括喜劇演員古川綠波、寶塚歌劇團的八千草薰等名人都是座上客。美智子皇后在訂婚之前也曾光顧。

麵包講習會結束之後，幸男懇求卡爾維爾蒞臨「東客」給予指導，而卡爾維爾也一口答應。他給幸男留下的課題是：如果想做出真正的法國麵包，就要做到「使用不漂白，也沒有添加溴酸鉀的麵粉」和「需要會產生蒸氣的烤箱」。

兩人再度相會是十年之後。一九六四年二月，卡爾維爾邀請前往法國的幸男到家中作客。同年九月，卡爾維爾再度造訪日本，在講習會的行程結束後，再次拜訪「東客」。接著卡爾維爾前往法國大使館，洽談隔年要在東京舉辦的國際展覽會中設攤事宜。幸男利用這個機會向卡爾維爾提議，以東客簽下採購機械的條約為條件，派遣法國的麵包師傅到日本。最後被選為前往日本的麵包師傅，是二十二歲的 Philippe • Bigot。

操著關西腔的法國人

Philippe Camille Alphonse Bigot 於一九四二年出生在法國諾曼第地區，名為伊夫爾萊爾克的小鎮。當時，諾曼地地區被德軍占領，直到一九四四年八月，諾曼第及巴黎才得到解放。

Philippe • Bigot 的父親是麵包店的第二代繼承人，他在聖皮耶爾迪維河畔的小鎮開了一間麵包店，店內設置了當時最新型的蒸氣管石窯。烤一個大麵包，吃上一個星期，是當時很普遍的做法。據說菲利浦少年時期吃的是家裡現烤的麵包，但他用現烤的新鮮麵包，和朋友交換放了好幾天的麵包。

他在十四歲時進入父親的店實習，但是和父親吵架後，改到其他麵包店繼續學藝，最後在十七歲遠赴巴黎。他在國立麵包學校取得了職業適任證，正式成為麵包師傅。另一方面，開始務農的雙親事業失敗，母親年僅四十四歲便撒手人寰。在他消沉之時，看到麵包公會正在募集前往日本，在國際展覽會上烤麵包的師傅，於是主動應徵。

一九六五年四月，東京晴海舉辦了第六屆東京國際展覽會。法國麵包的製作示範備受注目，甚至被電視實況轉播，反應非常熱烈。法國這邊也遵守約定，為了讓日本人知道真正的法國麵包，從法國派遣了麵包師傅到東客。到了六月，附設專為法國麵包設計、會產生蒸氣的烤箱的工廠也在神戶完工了。當初，神戶人雖然嘴上抱怨著「這麼硬的麵包要怎麼吃」，但還是逐漸接受了。而且隔年在青山開幕的店面，引爆了空前的熱潮。

當時，全世界正處於高度成長期。為了配合一九六四年在東京舉辦的奧運，除了東海道新幹線，高速公路也通車了。因為汽車的交通量不斷增加，路面電車也一一廢止，取而代之的是陸續新增的地下鐵路線。

拜年成長率超過十%所賜，小規模的商店和工廠發展為大企業，大量人口從地方聚集到都市。這些人在都市成家立業，居住在郊區的社區。

飲食生活方面也發生了變化，堪稱餐桌革命。電冰箱和電視等家電進駐家家戶戶，廚房也裝設了流理臺，安裝了抽風扇。水電瓦斯當然也安裝妥當。大量生產、大量流通食品系統設備已經完備。此改變帶來使用乳製品製成的奶油燉菜、玉米濃湯，還有漢堡排、豬排、添加萵苣和番茄的沙拉等，成為一般家庭日常飲食的一部分。

當然，麵包也包含在日常飲食的一部分。根據總務省的家計調查，吐司（此種調查的分類法，另外將大亨堡麵包、奶油捲、法國麵包等只使用基本原料製作的麵包也包含在內）的消費金額從一九六三年到一九八一年，幾乎呈現持續成長的狀態。麵包搭配紅茶或咖啡、雞蛋的組合，被視為時尚的飲食，為大眾所接受。

如同圖表2-1所示，麵包的購買金額基本上一直持續增加，急速成長的時期是高度成長期結束後的昭和後期（約一九六六～一九八九年）。但是，直到麵包被當作流行，逐漸發展為固定的消費文化，則是下個時代的事。因造成流行，才能整頓供給體制。以麵包而言，其

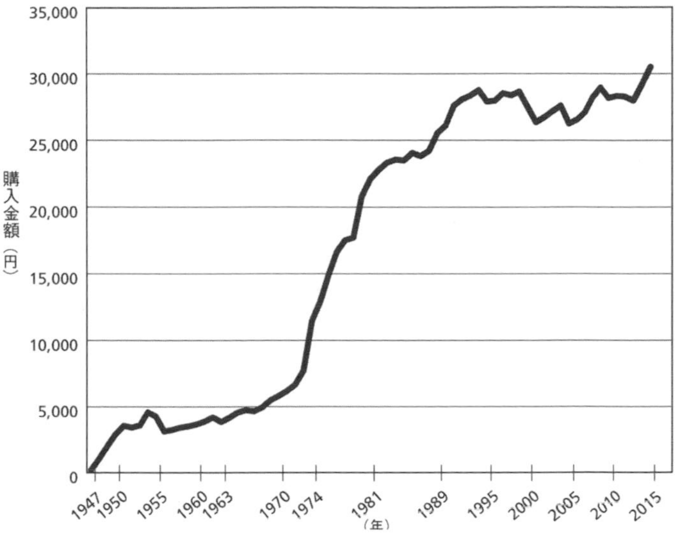

根據「家計調查結果」（總務省統計局，一九四七～二〇一五年）所加工製成。

圖2-1　麵包購買金額的變化

背景是出貨給超市的麵包公司逐漸壯大，再加上連鎖麵包店在各地興起，讓消費者隨時都吃得到剛出爐的麵包。替連鎖麵包店「東客」打下基礎的是Philippe・Bigot。

Bigot進入東客後非常忙碌，因為東客從一九六八年開始，在全日本各地以連鎖法國麵包店的型態展店。在穩固神戶店和青山店的基礎後，Bigot在札幌、名古屋、京都分店開幕時，都一一前往各店進行指導。當連鎖店更進一步擴大到釧路、旭川、盛岡、仙台、厚木、松山、高松、福岡等二十間以上的店面，他也親自蒞臨指導。在這段期間，他與日本女歌手佳子相戀，雖然一開始遭到女方家人反對，兩人最後還是順利結婚。

Bigot 來日本七年後，有意獨立自行開業。向幸男報告自己的打算後，對方提議，「你要不要把東客蘆屋當作 Bigot 的店做做看呢」。一九七二年，位於國鐵（現ＪＲ）蘆屋車站附近的松之內町的分店，正式改名為「Bigot 的店」（ビゴの店）。

「店裡開始出現把賓士停在窄巷來買麵包的太太。硬皮麵包很少見，而且和之前吃過的法國麵包都不一樣，所以顧客的反應很好。而且還有 Bigot 親自在收銀台前坐鎮」《Bigot 先生的麵包物語》。

不消多久時間，Bigot 的店就發展成單是法國麵包，一天的麵粉消耗量就高達五〇〇～六〇〇公斤的超級熱門店家。Bigot 也受邀參加以在日本發展活躍的外國人為對象的訪談節目。節目播出後，帶來的效應是每天都有絡繹不絕的顧客上門，而且到了下午二點，麵包就通通售罄。除了一口關西腔，幽默的談吐和充滿魅力的個性讓 Bigot 備受歡迎，之後他也參

加了日本NHK《今日的料理》（きょうの料理）等許多電視節目的演出。

社長的業務繁忙，Bigot待在店裡的時間自然跟著減少，但是他還是每天親自確認成品的狀態，不假他人之手。服務年資和店面開幕時間一樣長的松崗徹，在《Bigot先生的法國麵包物語》這本書曾現身說法，證明他有多麼嚴格。

「舉例而言，Bigot 先生一看烤好的麵包會說：『這批不行，窯的溫度不對。低了5度。』為了確認是不是真的低了五度，隔天我照著他說的烤烤看。結果烤出來的成品很棒，但也讓我很納悶，他是怎麼知道的呢。」

Bigot 的店也是培育麵包師傅的搖籃，造就出多位烘焙人才。成立神戶的法式料理餐廳「Comme Chinois」（コム・シノワ）的麵包部之後，二〇一〇年獨立創業，開了三宮「Camarche」（サ・マーシュ）的西川功晃，也曾經在「Bigot的店」學習。

二〇〇五年，Bigot 為了後進，推出了食譜《Philippe ・ Bigot 的麵包》（フィリップ・ビゴのパン）。開頭寫著這麼一段話：

「麵包就像需要細心呵護的小孩子，最關鍵的重點在於必須花費很多時間，一點一滴的培育。如果只想著趕快讓它發酵而增加酵母的份量，或者改用高溫發酵，就算麵包膨脹得很大，還是沒有完全熟成，吃起來的香氣和風味都會大為遜色，而且這種麵包容易變質。一定要不惜時間和精力，才能做出好麵包。」

「Bigot的店」出品的法國麵包，外皮香脆，麵包體吃起來濕潤柔軟，一口咬下能夠感受到小麥的風味，但味道不至於太過濃烈。是耐吃且不膩的麵包。

青山的麵包店大戰

法國麵包變得廣為人知，是在高度成長期的中期以後開始。號稱設計界開山始祖的高橋靖子，在回憶其青春期的隨筆集《為我鼓掌！》（わたしに拍手！）中，曾出現一段彷彿預言法國麵包將會造成大流行的描述。

「我進大學的那一年，剛好是六〇年代安保運動*進行得如火如荼的時候。我也被一股自己非得做些什麼的想法驅使，參加了示威運動。那時，我抱著兩、三支棍子麵包上路，結果引來很多人側目，紛紛議論『那是什麼啊』。法國麵包在當時還很稀奇，大部分的大學生都不知道法國麵包為何物。我把麵包隨意撕成小塊分給其他人，結果大家都讚不絕口。」

這本隨筆集也介紹了從一大早就開始營業的法國麵包店。這間麵包店是原本在原宿和惠比壽都有店面的「Mercato Seven Quarter」（メルカト・セブン・クオーター）。

原本只有行家才知道的法國麵包，在東京開始大受注目的契機始於一九六六年在青山開幕的「東客」。一開始，麵包的銷路不佳，但是在口耳相傳之下，門口開始出現大批人龍。不用說，麵包店當然也成為媒體爭相報導的焦點。舉例來說，一九六八年一月十九日出刊的週刊《週刊朝日》，封面照片的是一位女性抱著用「東客」紙袋裝著的法國麵包。在媒體的推波助瀾下，女性走在路上時，用手臂夾著法國麵包的姿態，在東京成為一種時尚。

一九七〇年，「青山 ANDERSEN」（青山アンデルセン）也在青山開幕了。「青山

*註：反對《日美安保條約》簽訂的日本國民運動。首次安保鬥爭發生於一九五九年，次年結束。此後在一九七〇年又發生了一次安保鬥爭。

ANDERSEN」銷售的丹麥麵包，憑藉著甜麵包前所未有的特殊口感和味道，讓喜歡嘗鮮的東京人為之風靡不已。這兩大名店的登場，無疑是促使麵包熱潮愈燒愈旺的兩大推手，其熱烈之程度，堪稱青山麵包店大戰。

到了二〇一〇年代，以東京為主，法國麵包等歐式硬皮麵包成為麵包市場的主流。和半個世紀之前，把麵包視為時髦化身的情況不同，這次的風潮則是以享受麵包味道和口感的饕客為主角。會有這樣的轉變，主要歸功於幾位人物。首先是有「法國麵包之神」美稱的研究者卡爾維爾，還有將其功績在日本遍地開花的「東客」、Bigot 等人。

5 邁入有機時代

麵包的製作方法

二〇〇一年，以專業人士為讀者群的料理出版社——柴田書店——發行了麵包食譜書《魯邦種的天然酵母麵包》（ルヴァンの天然酵母パン）。本書的一開始，出現了題目為「為了以國產小麥製作麵包」的麵粉解說文，接著花了一些篇幅說明如何培養發酵種，接著終於進入說明麵包的製作方法。

差不多在這本書出版的同時，日本的街頭也開始出現主打「天然酵母」的麵包店。這個時間，和從一九九四年開始積極宣傳「天然酵母」的發酵種、堪稱開山始祖的星野天然酵母種麵包生意上軌道的時間剛好重疊。天然酵母的訊息逐漸為想要開麵包店的人、有意推出新產品的人所知，最後終於成功掀起了「天然酵母」麵包的風潮。

那麼「天然酵母」到底是什麼呢？話說回來，我們熟悉的麵包，到底是怎麼做出來的呢。

麵包的基本材料包括麵粉、溫水或冷水、鹽、發酵種（酵母）。棍子麵包的材料只有這些。如果是吐司，還會添加砂糖、奶油或人造奶油、脫脂奶粉或牛奶等乳製品。另外，麵包也可能會加入葡萄乾或核桃等其他食材，或者添加麵包酵母和乳化劑等食品添加物。麵包的製作步驟如下：

①混合材料，加入發酵種，仔細和麵直到均勻。
②把麵糰揉成一大塊，進行第一次發酵。
③用手搥打麵糰以增加彈性。
④將麵糰分成一個個麵包大小，搓圓。
⑤將麵糰靜置片刻，把麵糰塑成所需的形狀。
⑥進行第二次發酵，直到麵糰膨脹為原來的兩倍大。
⑦放入烤箱烘烤。

世界各地的麵包都不相同，種類五花八門，本書所談的麵包是在歐洲進化的發酵食品。也就是利用小麥粉所含的一種蛋白質——麩質，藉由酵母的力量讓提高黏彈性（膨脹力）的麵糰發酵，使其變化成帶有氣泡且口感滑順的食物。

酵母是單細胞的微生物，會食用並分解麵糰含有的糖分。在排出二氧化碳，使麵糰膨脹的同時，也會釋出酒精等其他香味成分。藉由發酵，麵包才得以產生獨特的香氣、風味、滋味和口感。

什麼是「天然酵母」？

接下來想討論，酵母可以運用在哪些素材上。適合麵包的酵母是釀酒酵母，和用來釀造啤酒、紅酒、日本酒的酵母是相同的種類。一般的「天然酵母」，是附著在水果和穀物，或者漂浮在空氣中的野生酵母，屬於酵母屬，可以自家培養，但管理難度太高，所以有些麵包店和製作麵包的公司是利用市售的酵種（稱為「酵頭（Starter）」或「天然酵母種」），有時候也會並用麵包酵母（發酵劑）。

《魯邦種的天然酵母麵包》一書中所介紹的發酵種培養方法，是依照以下步驟進行。

「把葡萄乾浸泡在水裡使其發酵，再把麵粉加入葡萄乾發酵液裡使其發酵。一再重複這樣的步驟，直到酵母種培養完成。大約需要十天至三週的時間完成」。

把酵母和水混入麵粉，使其發酵後稱為發酵種。在為了因應商業所需，能夠大量培養酵母之前，發酵種的保存非常重要。舉例而言，法國有魯邦種（酸麵種）；德國等裸麥文化區有裸麥酸種；英國則是以釀造啤酒時所用的啤酒花製作吐司；義大利的潘娜朵尼甜度很高，但也是利用天然酵母製作。透過當地特有的酵母和與其共生的乳酸菌，各地也得以發展出其特有的麵包。

舟田詠子經過長期的資料發掘和採訪所完成的《麵包的文化史》（パンの文化史）中，介紹了阿爾卑斯山地區傳統的酸種麵包製作方法。

「一種方法是乾燥型。阿爾卑斯的農家一聽我問他們：『酸種在哪裡？』大多會指向廚房的架子上方。」他們把乾燥的酸種泡水使其發酵，再用於製作麵包。一年僅製作麵包幾次的地方，每次要烤麵包之前，就會花幾天的時間培養新的酸種。不論哪一種，都是使用家裡空氣中的酵母。

使用麵粉製作的麵包，只加麵包酵母（Yeast）就做得出來，但是裸麥生長在不利於小麥栽培的寒冷地區，既無法製造出「麩質」，提供黏彈性，而且酵素活性也強。表面細緻均勻的德式麵包，是利用裸麥粉加水，培養出來的酵母菌和乳酸菌，屬於酸種麵包。製作黑麥麵包的麵包店，為了餵養酸種的酵母菌和乳酸菌，每天都會添加黑麥粉。和日本醃漬醬菜的醬缸一樣需要管理。

日本麵包技術研究所是麵包業界的教育、研究機構。根據隸屬該所的原田昌博先生表示，麵包酵母變得普及的背景，和自家培養的野生酵母不容易長期保持穩定有關。酵種的管理耗時費力，而且若使用酵種做麵包，也需要熟練的技術。不僅如此，做出來的麵包還不容易膨脹。既然如此，為何有人堅持要使用野生酵母呢？理由在於麵包的滋味。

日本麵包技術研究所二〇〇七年發表了文章〈有關天然酵母標示之見解〉（天然酵母表示問題に関する見解）中曾提到，「以沿襲古法製作的麵種做出來的麵包，和以麵包酵母製作的麵包相比，有一種特殊的美味」。原因是，「不單是酵母，還有與其共存的微生物，尤其是乳酸菌所發揮的效果」。

製造「接近原點的麵包」

在各位讀者對天然酵母有個初步的認識後，讓我們把話題回到一開始介紹的麵包食譜。以意味著自家培養酵母的法文「Levain」（ルヴァン）為店名，並且出了這本麵包食譜的就是麵包店主本人。「Levain」位於東京的高級住宅區富谷，位於代代木公園附近。「Levain」的鄉村317，使用日本國產小麥的中筋麵粉和全麥麵粉，再以自家培養的酵母發酵。茶色的麵包拿起來沉甸甸的，略帶酸味，愈嚼愈香。外表樸質無華，質地紮實，有一股讓人懷念的味道。

「Levain」的店主甲田幹夫先生，一九四九年出生於長野縣上田市。據他表示，經營木屐店的雙親很忙碌，所以自己從小在「早上全家一起賴床，然後匆匆咬著烤過的麵包配牛奶，火速衝到學校」的環境下長大。

甲田先生在學生時代曾休學一年。他先在大阪萬博（一九七〇年）工作了一段時間，接

位於東京都澀谷區富谷的Levain的外觀。隔壁還附設咖啡店（照片右側），提供適合搭配麵包的餐點。

著花了兩個月環遊日本一周。畢業後，他當上了小學老師，但三年後就辭職。辭職後，他花了半年左右的時間在歐洲各國旅行，回國後在飲料廠商上班。當時，甲田幹夫先生以滑雪為樂，還創辦了自由式滑雪俱樂部，推廣當時才剛引進日本的貓跳滑雪（Mogul）。他在俱樂部結識了從事進口麵包機器工作的朋友，對方說想開一間製作麵包的公司，並邀請甲田先生一起加入，於是他轉換了跑道。

甲田先生到了位於調布市，烤箱、石臼、攪拌器等生財工具都已準備妥當的麵包工場後，由一位法國人皮耶・布希指導他做麵包。據說他原本在法國經營有機餐廳，後來對味噌

甲田幹夫先生。

等日本傳統的發酵食品文化產生興趣，所以來到日本。

「他在做天然酵母麵包的時候，會邊做邊說『今天做得很好』『今天做得很失敗』。沒做成功的麵包就放在旁邊，堆成一座小山，每次我都滿懷感謝的帶走了。我記得我那時候還想著在麵包店工作，只要有剩下的麵包吃，就不愁餓肚子。」

但是，布希在三個月後就回去法國。接下來，甲田先生只靠著自己，回想沒有向他做太多說明的老師之前是怎麼做的，不斷從錯誤中學習。基本上他不可能再到其他麵包店學藝，所以甲田先生表示「我一開始連酵母是什麼都不知道。」所以他買了雷蒙・卡爾維爾的著作，讀了一、兩頁，參考如何培養酵母的介紹，之後就完全靠自己摸索了。

後來前公司的社長要結速麵包事業，於是甲田先生在一九八四年買下經營權，以

「Levain」的店名開始營業。有段時間剛好遇上客戶之一的自然食品店擴大營業，因此批發業績也跟著成長。隨著口耳相傳，生意愈來愈好。甲田先生抱著「想把這種麵包發揚光大」的想法，開始尋找靠近市中心的店面，最後在一九八九年選擇在富谷開了現在的零售店。不過，因為售價昂貴，麵包的風味又很特殊，一開始的銷路頗為慘淡。

「我們的麵包帶有酸味，所以一開始有客人反應『麵包是不是壞掉了』。我半強迫的要朋友品嘗，結果吃了三、四次，他才向我承認『其實這種麵包的滋味還挺不賴的』。倒是外國顧客一開始就說：『我一直在找這種又黑又紮實的麵包』。」

一間位於市中心的麵包店，賣的又是極具特色的歐式麵包，自然不可能被媒體錯過。第一間登門採訪的雜誌是《Olive》（Magazine House），接著是《Croissant》（同）。據說《Croissant》的報導刊出後，反應尤其熱烈。

不久後，麵包店培養出一批常客，隨著雜誌等媒體的報導次數增加，知名度也逐漸提升成名店，甚至有粉絲不惜路途遙遠地親自造訪。另外，除了曾經在店裡學習的人後來獨立自行開業，也有人讀了剛才提到的麵包食譜而開業。總之，有許多後繼者。

長壽飲食法和麵包

「Levain」大受歡迎的原因，和民眾對有機食品的關心程度提升有關。

無農藥栽培等有機農業在日本開始受到注目的契機，始於兩本著作。第一是海洋生物學家瑞秋·卡森（Rachel Carson）的著作《寂靜的春天》（*Silent Spring*），書中以在全世界銷售農藥DTT的美國化學藥品大廠孟山都等公司為例，陳述環境汙染問題的嚴重性。另一本是以日本環境問題為主題的暢銷製作《複合汙染》（複合污染）。除了工業和農業活動所造成的環境汙染，有吉也探討了食品添加物所衍生的問題，書中還介紹了從事有機農業的農家。有機運動之所以在日本掀起一股潮流，上述兩本著作扮演著重要的推手角色。

日本的經濟成長和農業的擴大生產有著密不可分的關係。從始於一九五〇年代的農業機械化開始後，化學肥料和農藥得以大量投入，生產量也急速增加。費力的割草、使用牛·馬的人工耕作從此變得更有效率。除了降低人力的需求，生產成本更是大幅降低。這樣的改變促使年輕人搭上集體就業的列車，從家鄉來到都市。成年男子們也離家外出工作。日本在一九六〇年代發展出「3 Chan農業」。所謂的3 Chan，意即「Zichan（爺爺）」「Bachan（奶奶）」「Kachan（媽媽）」。而身為一家之主的「Touchan（爸爸）」，則是到都市賺錢，不再務農。離鄉背井的爸爸們，在都市成為高速道路和大樓建設的基層人力。

有吉的書也有提到，留在農村裡使用農藥務農的人們，發現身心出現不適的比例愈來愈高。都市也發生了各種公害問題，包括引起訴訟的水俁病、四日市氣喘、痛痛病（又稱骨痛病）等。此外，河川受到汙染而發出惡臭、天空出現藍色煙霧的情況也層出不窮。

一九七一年成立的有機農業研究會，開始摸索不依賴農藥和化學肥料的農法。一九七五年誕生了「保護大地的市民之會」（隔年改名為「保護大地之會」）。以都會區的主婦為主力，為了確保飲食的安心，支持刻意維持低生產性農家的人際網路也成形了。這項草根運動不斷擴展，不但完成了世代傳承，連企業也參與其中。有鑑於市場擴大，逐漸造成混亂，日本政府在二〇〇〇年修正了JAS法，制定了有機食品的檢查認證制度。

另一方面，我們也不可忽略在二〇〇〇年代起源於日本，卻在美國被發揚光大，最後再紅回日本的健康法——長壽飲食法。長壽飲食法的特色是以糙米和蔬菜為主食，強調食材要連皮攝取。此種飲食法一併重視食材的安全性和原料的履歷，自然容易與有機農法結合。

甲田先生之所以使用野生酵母製作麵包，其想法正是源自於長壽飲食法的概念。布希也是長壽飲食法的實踐者。甲田以跟布希學來的粗淺知識為基礎而獨自摸索時，他剛好在自然食品店看到全世界知名的長壽飲食界第一把交椅，也就是已故的久司道夫所著的《長壽飲食法》（マクロビオティック健康法）。直覺告訴他「就是這個！」，於是他把長壽飲食法的概念導入麵包的製作。

「我們的產品絕對不會添加砂糖。基本上我會盡可能挑選本地產的、沒有精製過的、盡量接近天然的產品。」

甲田先生挑選素材時，以人作為選擇的基準。舉例而言，他的員工中有人對小麥過敏，於是他特地選擇號稱不容易導致過敏的古代種斯佩耳特小麥來製作麵包。決定要和哪些生產者交易時，也是以對方的人品為基準。

目前使用的食材包括栃木縣產的小麥等，共通點都是沒有使用農藥和化學肥料的產物。

「北海道產的小麥雖然蛋白質含量高，但這種味道反而深得我心……。農林61號這種麵粉，簡單來說就是做烏龍麵的麵粉。」甲田先生徹底愛用國產品，連在日本很難找得到的黑麥，也堅持使用國產品。

國產小麥風潮

這幾年，不少麵包店和超市都會特別強調自家產品使用的是國產小麥。日本最主要的小麥產地是北海道，但關東、東海地區、九州北部似乎也有產地。有些超市的麵包貨架，甚至還設了國產小麥專區。接下來讓我們探討國產小麥為何會突然人氣大增的背景。

或許有人認為，原因可歸咎於麵包店的流行時勢所趨，或是國產小麥的產量增加，但實情並非如此。日本農林水產省農林水產政策研究所的吉田行鄉先生向我表示，在這半個世紀以來，日本每年的平均麵粉消費量都保持穩定。國產小麥的自給率，並沒有大幅度的成長，以二〇一三年而言，糧食自給率不超過十二％。改變的是品質。以前的國產小麥都是和進口小麥混合，再用於製作各種產品。但大約從十年前開始，日本全國各地已開始栽培適合製作麵包的小麥，再加上在二〇〇〇年代拓展的地產地消運動的推波助瀾，促使許多麵包店和麵包公司積極選用國產小麥，而且在成分表中也會標示。

麵粉的種類依照蛋白質含量的多寡，依序分成吐司用的高筋麵粉、製作拉麵的中高筋麵粉、製作烏龍麵的中筋麵粉和適合製作天婦羅炸粉和蛋糕的低筋麵粉。順帶一提，製作義大利麵的杜蘭小麥粉，蛋白質的含量也很高。另外，正如「烏龍麵粉」的名稱所示，日本有不少產地，原本就是為了製作烏龍麵，專門栽培適合製成中筋麵粉的品種。

地產地消運動之所以受到大力倡導，原因有好幾項。除了消費者意識提頭，要求食品的生產過程透明化，以及建立食品產銷履歷，此外，發源於義大利的慢食運動風潮蔓延到日本後，促使消費者重新重視遵循傳統作法製作的產品。生產者本身也為了打破因農業人口減少，造成地方發展停滯不前的窘境，因此企圖藉由提升農產品的品質，並加以品牌化，達到活絡經濟的目的。舉例而言，在來種的蔬菜和穀物這幾年也愈來愈受到注目。

隸屬於國家的農研機構，歷時二十至三十年所進行的品種改良終於出現成果，適合製作麵包的品種開始在各地誕生是二〇〇〇年代的事。其中最具代表性的品種是北海道農業研究中心（北農研）花費了十三年，在二〇〇九年完成品種登錄的「夢之力」。「夢之力」對病蟲害的耐性強，所以收穫量能保持穩定，同時只需使用少量農藥，而且兼具數量與品質的保證，適用於大型生產。

北農研以「藉由提高『夢之力』的附加價值，以提升糧食自給率」（《夢之力》（ゆめのちから）」為目標，向農水省申請食品開發專案，結果在二〇一〇年得到許可。參加此專案的麵包公司是敷島麵包。使用「夢之力」製作的麵包，從二〇一二年開始銷售。

日本每年都會下梅雨，原本並不適合栽培用來製作麵包的小麥。農林水產政策研究所的吉田先生表示，適合製作麵包的小麥，條件是蛋白質的含量要高，所以需要追肥。有些地方的生產者年事已高，春季進行追肥作業時，搬運肥料袋會成為沉重的負擔。而且適合製成中筋麵粉的品種，收成期較晚，剛好和梅雨季重疊，所以容易被雨淋濕。被雨淋濕會提高發芽和病蟲害發生的機率，要是不幸發生，就無法當作製作麵包的材料。

因此，麵包專用的小麥以沒有梅雨季的北海道為主要栽培產區，這幾年的生產量也不斷擴大，不過，岩手縣、長野縣、兵庫縣、山口縣等也都培育出新品種。因此農林省也採取追加補助金的措施，支援栽培麵包用小麥的生產者。

二〇〇〇年國產小麥流通制度的改變，也是促成生產者能夠更致力於生產優質品種的契機之一。根據吉田先生提供的訊息，在流通制度改變之前，小麥都是由政府全部收購，再轉賣給麵粉廠商，但現在國產小麥已經開放讓農協與麵粉廠商直接交易，此舉也意味著麵粉的品質和售價將成正比，品質愈好的賣得愈高。

整體而言，小麥的國內生產量在一九七〇年代都不多。阻礙來自高度成長期時，以稻米增產為優先的政策。除了二〇〇〇年的流通新制上路，食糧管理法在一九九五年廢止，促使稻米的流通自由化，都是加速活絡市場的動力。小麥的生產，永遠和稻米產量保持連動。原因在於，對日本人而言，從歷史來看，米一直是第一主食，而小麥是米的代替食糧。

下一章我想就這樣的角色分配，對麵包會造成何種影響進行探討。

第三章

咖哩麵包是蓋飯

1 日本人與小麥

華人區的麵包文化

日本人對麵包的喜好，基本上可分為兩大類。一種是像大亨堡麵包等軟麵包，另一種是法國麵包之類的硬麵包。說到這兩派的支持度，喜歡軟麵包的人壓倒性居多。本章想探討的是，軟麵包的廣大人氣，背後是否隱藏著不為人知的歷史。

我在二〇一四年和二〇一五年分別到台灣旅行過兩次，似乎找到了些蛛絲馬跡。我在台灣時，早上先去飯店附近的菜市場買水果，再去麵包店買麵包和烏龍茶當早餐。雖然吃得心滿意足，但有一點卻讓我百思不得其解。為什麼看起來明明就是鄉村麵包和小皮球的麵包，外皮卻那麼軟呢？

認識的台灣人帶我去了一間以德式麵包為主打的咖啡廳後，我的懷疑轉為確信。德國和法國一樣，吃的都是硬皮麵包。我以前去德國旅行的時候，曾吃過一種小小的圓麵包（Brotchen），外皮也是硬的。但是，我在台北這間賣德式麵包的咖啡廳吃到的，卻是外皮軟軟的麵包。

難道華人比較喜歡吃軟麵包嗎。我試著向在中國、香港、台灣都有推出家用麵包機的家電廠商 **Panasonic** 提出這個疑問。行銷部的田中藤子小姐告訴我：「這些地區對麵包的喜好和日本很類似，都喜歡口感軟軟的麵包。」接著補充說明：「聽到口感QQ的，以米飯為主食的日本人會覺得『這種麵包很好吃』，但是歐美人士的接受度可能就沒那麼高。」

我從敷島麵包宣傳室的加藤博信先生那邊，也聽到類似的說法。他告訴我：「技術革新之後，日本的麵包可以依照顧客的需求做調整。不論是酥脆的口感、鬆軟的口感、充滿彈性的口感還是濕潤的口感，都做得出來。這些口感都是和食的一部分，屬於和食的文化。」

上述這兩位談到日本人為何喜歡軟麵包時，都認為關鍵在於以米飯為重心所建立的和食文化。但是我認為發祥於中國的麵食文化，也是在背後發揮影響力的一股力量。

讓我們想想當初傳入日本的麵食有哪些吧。日本市面上首次出現肉包（豬肉包）是在一九一五年，販售的店家是神戶南京町的「老祥記」。拉麵則是一八八七年，首度以南京蕎麥麵的名稱在橫濱的中華街銷售。煎餃則是在第二次世界大戰之後，透過從滿州（中國東北）被遣返回日本的人發揚光大。中華料理的麵食有些共通之處：口感柔軟，而且會搭配其他食材。包著餡料的煎餃和肉包，和加了配菜的鹹口味麵包有異曲同工之處。雖然煎餃和肉包、調理麵包在日本登場的歷史尚短，不過，包了餡料蒸食的料理如包子等，和麵類的歷史都很悠久。

其實，源自中國、歷史最為悠久的麵食另有其物。這項麵食出現在日本的飲食生活中，已經有一段非常漫長的歲月。

日式甜饅頭的到來

小麥據說在彌生時代（西元前十世紀到三世紀中期）傳入日本。原產於中亞的小麥，從中國北方經由朝鮮半島，最後傳入日本。小麥也傳入西邊的歐洲，但是在東西兩地卻有不同的發展。

最早從中國傳入日本的小麥製品，是和佛教同時被引進的「唐果子」。所謂的唐果子是由加了水和甜味料的麵糰，經過油炸而成。是日本人首度吃到的加工點心。唐果子除了作為神社的神饌流傳下來，也發展為花梨糖（類似麻花）等庶民點心。

在各種麵食中，有一種走上獨特的發展之路——日式甜饅頭。其根源是中國北方的包子。包子的特色是味美價廉，而且方便食用，所以在當地很快就發展為百姓的日常飲食。直到今天依然廣受歡迎，並且發展出各式各樣的型態與口味。

包子傳到日本的途徑有兩條。其一是在一二四一年從宋朝回國，在現在的福岡市博多區建立了承天寺的開山祖師聖一國師所做的「酒素饅頭」。有次他在茶店稍作休息時，把在麵糰裡混入甘酒，使其發酵的製作方法，傳授給茶店主人栗波吉右衛門。據說，聖一國師也帶回了蕎麥麵等食品的作法。

另一條途徑是一三四九年，龍山德見禪師從宋朝回到日本時，與其同行的林淨因，把作法傳到奈良。位於奈良市漢國町漢國神社境內的林神社，為了讓禁止食用葷食的僧侶也能食用，使用沒有發酵的麵糰，加上以紅豆熬煮而成的「餡」，創作出加了紅豆的甜饅頭，並對外銷售。其子孫到京都謀求發展，自稱鹽瀨姓，並開了店，販售以小麥製作的甜饅頭。這間甜饅頭店後來遷到江戶，成為宮中和將軍家的御用點心，也就是後來的鹽瀨總本家。

甜饅頭的外皮除了使用麵粉的種類，還有在麵糰裡添加了山芋泥的薯蕷饅頭、米粉、蕎麥粉、葛粉等眾多種類。酒饅頭最早起源於博多，基本作法是以麵粉做的麵皮經過發酵而成。肉包（豬肉包）基本上也經過發酵的步驟。根據「老祥記」的宣傳小冊子，以麴菌發酵的外皮是獨門配方，使用以老麵發酵的麵皮，再加入肉餡蒸製而成。

除了需要冷卻凝固的葛饅頭，其他種類的饅頭都是蒸製而成，所以甜饅頭和肉包蒸出來的口感都相當柔軟。相對的，如果不用蒸籠蒸，改用烤箱烤，就成了歐洲的麵包。雖然麵食在西方與東方的發展大異其趣，但做法卻有幾分相似之處。

庶民的主食——麵食料理

雖然日本把從中國傳入的包子當作甜食，但麵食料理還是當時庶民的主食。如果要談這件事，首先得交代石臼從中國傳入日本的來龍去脈。

稻米的稻殼容易剝除，但小麥顆粒的正中央有深深的溝槽，所以堅硬的外皮不容易剝除。小麥若要成為日常飲食，自然不能缺少製粉技術，所以石臼很早就出現在小麥文化圈，而且製粉技術也不斷進步。在中國發達的水車技術傳入日本後，把日式甜饅頭帶回日本的聖一國師打算將之擴大到工廠規模。

日本長久以來都是使用搗臼製作年糕等食品，使用搗臼的特徵是，搗出來的顆粒很粗。磨臼普及後，可以把顆粒磨得很細。在日本，除了麵粉，也可以磨出抹茶粉、蕎麥粉、米粉、山椒粉等。

農家從安土桃山時代開始使用磨臼。至於一直使用到昭和中期，以手動方式把粉磨細的則是石臼。製麵產業因石臼的普及而變得發達。

把小麥當作稻米的二期作物開始栽培的風氣盛行於十二世紀初期的平安時代。二期作物的栽培也從此時開始。到了確立身分制度的江戶時代，農民必須繳納稻米當作年貢，所以小麥的栽培更為盛行，因為可以當作主食或作為收入來源。

到了江戶中期，大型的水車小屋開始發達。因為蕎麥麵條和烏龍麵受到大眾歡迎，所以穀物商在江戶近郊開店販售各種粉類的店舖，並設置水車小屋，以大量提供麵粉和蕎麥粉。

麵類也是源自於中國，之後再傳入日本。烏龍麵傳入日本的確切時間目前已不可考，不過首度出現的典籍是完成於南北朝時代的《庭訓往來》和《節用集》。從此時開始，麵線也在文獻中登場。

蘸取醬汁食用的蕎麥麵誕生於室町時代後期，發祥地被認為是信濃（現在的長野縣）或美濃（現在的歧阜縣）。

到了江戶時代，石臼的普及帶動了麵食興起，使其成為庶民的日常主食。被視為鄉土料理的麵食，也是在幕藩體制確立的江戶時代變得發達。

山梨縣的鄉土料理餺飥（照片提供：山梨觀光促進機構）。

分布在日本全國各地的「麵疙瘩」，作法是把加了水的麵糰捏成球狀，再放入加了蔬菜等食材的鍋裡一起食用。南部藩（從現在的岩手縣北部到青森縣南部）則稱為「ひっつみ」（Hitumi）。

山梨縣的「餺飥」，是像烏龍麵的長條麵，和烏龍麵不一樣之處是沒有加鹽。吃法是和南瓜等蔬菜一起用甲州味噌燉煮，直到湯頭因餺飥溶化而變得十分濃稠。武藏野地方的烏龍麵，也會加入各種蔬菜一起煮。烏龍麵的擀麵方式和形狀變化很多，全國各地都有其獨特的種類，吃法也各有巧思與不同。

流傳到農村的麵食類，成為主食和配菜合

而為一的單品料理，很適合在忙碌的農事之中快速食用。我們常以為和食的基本型態是一湯三菜，其實庶民長期以來，都是靠一道菜就解決一餐。使用麵粉製作的鄉土料理，之所以有如此多樣的變化，正說明了庶民以往的主食並不是米飯。

不過在短短幾十年前，米飯一直都是都市人和上流階層的專屬品。農民們絕大多數都是庶民，只有在過年和某些重要節慶等特殊場合才吃得到米飯。他們平常吃的都是經過加工的柔軟麵食。從大部分民眾吃慣麵食這點看來，當西洋的飲食文化到了近代大舉進入日本，麵包會被接受，甚至進一步發展為米飯的代用品，最後成為不可欠缺的主食，根本不足為奇。另外，已經深入到家庭的麵包，在庶民心目中，是一種吃得很習慣的柔軟食物。

西式的麵包到近代都無法在日本生根，是因為日本長期從鄰近的中國學習文化與技術，一步步發展出獨特的飲食文化，所以缺乏用箱子覆蓋食材、透過熱輻射加工的文化。日本人直到幕府開國，才開始正式學習西洋飲食文化，為了製作麵包，首次引進了烤箱。敷島麵包和關口法國麵包也都是接受了指導，知道如何打造烤麵包的石窯之後，才開了麵包店。換言之，從使用西式的烤窯之後，麵包才開始在日本生根茁壯。

2 吐司何時變成早餐
把麵包當早餐的風氣從橫濱開始

不知道一提到麵包，各位會想到的是哪一種？是甜麵包還是調理麵包，或是令人懷念的大亨堡麵包（日本學校供應的午餐會出現的麵包），還是洋溢著法式風情的可頌麵包……。我想，每個人對麵包口味的喜好各有不同，但如果我說吐司是每個人都可以接受的基本款麵包，應該沒有人會提出異議。

畢竟吐司已經成為早餐的主角之一。超商的麵包貨架上，陳列吐司的空間不但最大也最顯眼。走進許多咖啡店，塗著厚厚一層奶油的厚片吐司也是很受歡迎的人氣料理。關東人和關西人對吐司的喜好不同，前者喜歡薄脆的口感，所以一包切成八片的薄土司吃起來最合胃口；但關西人喜歡切成五片的厚吐司，因為他們喜歡Q彈有嚼勁的口感。日本人對麵包的喜好已發展出地域差異，從這點正足以證明吐司已經在日常生活中穩穩紮根。

不過，歐美並沒有相當於「吐司」的單字。法文的「pain」指的是棍子麵包等當作正餐吃的最單純麵包；德文的「Brot」指的是味道最單純的大麵包。上述兩個單字，相當於英語中的「bread」。代表麵包的單字，指的都是最單純的麵包，也有食糧的意思。

日文之所以特地把麵包稱為「食パン」，理由或許是麵包一開始只被當作點心，直到足足耗費了幾十年以上的時間，才被當作是正餐吃的麵包吧。

日本把麵包視為正餐的歷史，始於幕府末期的橫濱。在橫濱開了第一間麵包店的人是在橫濱開港隔年一八六〇年開業的內海兵吉。兵吉出身於本牧，他把店開在橫濱運上所（運上所為稅關的前身）附近，以外國人為目標顧客群。雖然店裡的麵包被評為「不知道烤出來的是麵包還是日式甜饅頭」《橫濱洋食文化的起初》（ヨコハマ洋食文化事始め），但據說店裡的生意相當興隆。兵吉的兒子角藏在一八八八年進軍縣廳前，以「富田屋」為屋號（類似中文的堂號），以海軍、醫院、船公司為顧客群，販售麵包。

接著，外國人也開了麵包店。明治初年由外國人開的麵包店號稱有四間左右，其中發展得最成功的是英國人羅伯特・克拉克在山下町開的「橫濱麵包店」。有關開業的年份說法不一，一般公認是幕府末期。克拉克在一八八八年回英國之前，把店面轉讓給弟子打木彥太郎。這間麵包店就是目前仍在元町商店街營業的「打木麵包」（ウチキパン）。這間麵包店延續了創業以來的傳統，直到今天依然生產著使用啤酒花製作的山型吐司「英國麵包」。

當時，麵包的發酵控制不易，需要熟練的經驗與專業技術。若翻開料理的歷史，會提到要跟前輩偷學到功夫是困難的事，製作麵包的技術也一樣，尤其是幕府和明治時代，根本沒有文化交流的累積可言，因此外國人對日本人似乎還抱著強烈的戒心。能夠從英國人手中繼承麵包店的打木，稱得上是稀有的特例。

打木出身於橫濱市南區中村町大地主的其中一族，他趕上動盪時代的末班車，在十四歲一八七八年，進入「橫濱麵包店」（ヨコハマベーカリー）當學徒。歷經十年的修業，終於開了今天的「打木麵包」。

商用酵母的誕生

發酵原本是麵包師傅不外傳的技術，到了大正時代，卻成為每個人都學得到的普遍技術。原因是日本引進了商用酵母粉。不過在談商用酵母之前，讓我們先複習商用酵母邁入量產之前的歷史吧。

一六三八年，發明顯微鏡的荷蘭博物學者雷文霍克發現了以麵種發酵製成的酵母。一八五七年，化學家兼微生物學家的巴斯德釐清了酵母的機制，促使歐洲各國的酵母產業發展起來。「為了提高原本從自然界分離酵母的繁殖效率，有人開發出純種培養的技術。市面上也販售了能夠使麵糰產氣量大增的製造麵包專用酵母」〈「有關天然酵母標示問題之見解」〉（天然酵母表示問題に関する見解）。

商用酵母的大量生產，契機來自於第一次世界大戰。因為培育酵母的培養基原料、取得穀物和馬鈴薯的困難度提高。東方酵母工業株式會社的網頁「發酵與麵包今昔物語」（発酵

とパン　今昔物語）中提到「德國的酵母製造業者們試著以廢糖蜜和硫酸銨當作代替品，結果順利生產了大量的優質酵母」。把培養基放入離心分離機進行分離，使水份保持在極少狀態的酵母稱為生酵母；再抽出剩餘水分，使其保持乾燥的稱為乾酵母。

商用酵母的誕生過程，忍不住讓人聯想到日本的釀酒業和醬油釀造業。釀造業必須使用大量穀物，在戰爭爆發後面臨無以為繼的窘境。此時，洞悉先機，發現維生素存在的農業學者鈴木梅太郎等人，研究出利用澱粉和糖蜜等物，製造合成酒精的方法。另外，拜添加物所賜，醬油的產量也增加了。因為第二次世界大戰而陷入糧食不足的窘境，連餵養酵母的材料都大為缺乏。

一般認為，「天然酵母」比商用酵母安全的理由在於，用於大量培養酵母時所用的培養液相關資訊並不完全透明，因此直到今天仍存有疑慮。

日本開發商用酵母始於一九一五年。開發者是田邊玄平，他在美國學習麵包製作方法，從美國學成歸國。田邊於一八七四年出生在山梨郡松里村（現山梨縣甲州市）。田邊來到東京，從商業學校畢業後，曾經到台灣參與礦山的開發事業。失敗後赴美的他，感受到許多當地人的善意，也接觸了民主主義的思想。除了從日常生活中，看到農家主婦自製麵種等管道接觸了麵包文化，他也發現到腸胃不好的自己很適合吃麵包。他在一九一〇年回到日本，一九一三年在東京下谷黑門町（現上野）開了吐司工廠，名為丸十麵包（丸十パン）。

隨著發酵過程的現代化，麵包的產量也逐漸擴大；田邊想要解決當時日本糧食不足的問題，以及想開發國產商用酵母，只要有人向他請教，不論地點在哪裡，他都會親自過去指導。另外，如果使用他所開發的酵母，他也允許對方用丸十麵包的名字銷售。結果此舉造成麵包店的師徒制開始崩壞。分散在日本全國各地的弟子們，集合起來創了互助會，合資採購原料與資材。源自於此互助會的丸十麵包店，目前主要分布在首都圈，持續在各地營業。

田邊所帶來的麵包製法，使用的是豬油和砂糖，所以當時的主流，也從歐式的鹹味麵包，轉變為美式風格的吐司。

商用酵母在日本正式量產是在昭和初期（一九二六～一九四五年），大型企業開始投入開發的時候。一九二七年，曾經在大阪叱吒風雲的大型麵包公司 Maruki 號設立了 Maruki 酵母菌研究所，之後，製藥公司的三共（現第一三共）、大日本麥酒株式會社等公司也相繼投入開發。另外，專業廠商的東方酵母工業，也在一九二九年創業。畢業於北海道帝國大學（現北海道大學）農學部的北嶋敏三，發現了可以利用麥根製作酵母的方法，但後來將之量產化的是日清製粉的正田貞一郎等人。隨著能夠穩定提供商用酵母的企業增加，麵包也朝著大量生產的方向前進。

大型廠商的躍進

大量生產的必要條件是機械設備。第一個正式導入機械化的廠商是大阪的Maruki號，根據《麵包的明治百年史》的介紹，早在一九二七年，除了紅豆麵包的填餡作業，工廠已靠著「自動運行製作麵包窯」完成全自動作業。順帶一提，可以自動填充紅豆餡的填餡機器——Rehon，於一九六三年問世。

不論是生產量和設備的先進程度，Maruki號在當時都號稱「東洋第一」。其創業者水谷政治郎於一八七七年出生在今天的香川縣高松市。他在一八九七年來到大阪，從事粉類批發等工作；一九〇四年，他在大阪市久寶寺町開了麵包店。他的養子清重為了研究酵母而赴美，直到習得了先進的麵包製法才回到日本。他們曾經構想要在北海道開拓麥田，自給自足，但可惜的是，這間在第二次世界大戰前，於麵包界發揮莫大影響力的麵包店，在一九四二年被食糧營團整併，最後受到戰火的摧殘而灰飛煙滅。

由Maruki號起頭的麵包機械化觸發了其他同業。一九二九年，神戶屋引進了自動烘焙的運行窯等機器；一九三二年，敷島麵包引進了電氣運行窯。

大量生產在高度成長期變得普及。日本全國的都市在空襲之下淪為廢墟，人們在百廢待舉、一無所有的情況下重新出發，對經濟富裕的渴求變得更為強烈。在社會遭逢劇變之際，有些麵包店賭上自己的未來，立志要以組織現代化、以機械化擴大產量為目標。

以麵包的產量而言，目前市占率在全日本排行第一的是以山崎麵包為商標的山崎麵包公司，第二名是敷島麵包，第三名是Fuji麵包（フジパン）。Fuji麵包在一九二二年於名古屋市中區長岡町創業。

一九四八年創立山崎麵包的飯島藤十郎，一九一〇年出生在東京府北多摩郡三鷹村（現東京都三鷹市）。他在東京擔任體育教師的時候，因戰爭爆發而應召入伍，最後在千葉縣國府台迎接敗戰。戰後，飯島在市川市開了麵包的委託加工販賣店，不過在這之前，他也曾經在新宿中村屋工作了一段時間。

山崎麵包在一九五五年引進了現代化設備，將吐司量產化，開始製造預先切片並完成包裝的吐司。之後以「薄利多銷」為宗旨（《麵包的日本史》），順利拓展業務，也成為市占率在首都圈高居首位的業界龍頭。一九六六年在大阪設廠。

山崎麵包的競爭對手——敷島麵包在一九五四年導入美式機械，期望能做到自動化生產。當時最先進的運行窯，每分鐘可烤出六千份吐司，因此號稱「別說是日本了，在整個東洋都是最大」《麵包半世紀　敷島走過的路》（パン半世紀　シキシマの歩んだ道）。高度成長期也是通貨膨脹的時代，為了應付必要的經費開銷，現代化是必然的趨勢。因為本社工廠的產量供不應求，因此一九六二年在愛知縣刈谷市擴廠，將設備升級為自動化機器。

等到大量生產的體制準備就緒，就於一九六四年正式進軍大阪。敷島麵包進駐了豐中市的大榮（ダイエー），開了直營門市。一九五七年在大阪千林發跡的大榮，隔年擴大營業，在神戶開了三宮店。品項豐富齊全，採自助式服務的超市，在日本各地從一九五〇～一九六〇年代開始流行。繼續展店的大榮，於一九七二年超越了三越，登上流通業界的寶座。在超市迅速擴張的時代，麵包公司也搭上順風車，不斷擴大經營。

山崎麵包進軍大阪，是敷島麵包在大阪蓋廠兩年之後。山崎麵包的進軍，牽制了敷島麵包的發展。另外，敷島麵包為了讓自家品牌的名稱深植消費者心中，也著實吃足了苦頭。敷島麵包在一九六九年也進軍東京。為了進軍東京，敷島麵包做了周延的市場調查。他們意識到品牌名稱必須融合當地風俗習慣的重要性，因此把「PAN SHIKISHIMA COMPANY」簡稱為「PASCO」，當作品牌名稱。

從敷島麵包的例子我們可以了解到，在經濟成長的時代，企業的生存之道便是擴大規模。在新市場的開拓、商品力和品牌力強化的推動下，麵包界也培育出全國性的大規模麵包廠商。

今天若走到超市的麵包專區，可以看到貨架上陳列著山崎麵包、PASCO、Fuji 麵包、木村屋、Takaki 麵包（タカキベーカリー）、神戶屋等各式各樣的大廠牌。歷經了一段激烈的競爭之後，各廠都已開發出有能耐大量生產的商品了。

話說這些日本大廠所出品的麵包，對外國人而言似乎很美味。我認識的韓國留學生也向我表示，「日本超市賣的麵包很好吃呢。不像韓國超市賣的麵包都乾巴巴的，沒味道。」另外，許多待在日本的歐美人士都異口同聲的對日本超市的麵包讚不絕口。其中備受好評的是敷島麵包的「超熟®」。

「超熟®」是一九九八年，以從兵庫縣寶塚市麵包店吐司獲得的靈感，運用「湯種製法」而成功大量生產的吐司。其特色是「在麵粉裡加入熱水再揉製成麵糰，是一種將麵粉糊化的製法」（《夢之力》），吃起來很有彈性且Q勁十足。

在湯種之前的長年熱銷吐司，是山崎麵包在一九八九年發售的「Double soft」，以柔軟的質地見長。「Double soft」是針對不喜歡硬吐司邊的日本人所開發的商品。接著是Fuji麵包，以剛炊煮好的米飯軟糯口感為目標，在一九九三年開發了「本仕込」。

繼鬆軟、彈性十足的口感之後，麵包界的下一個明星是什麼呢？敷島麵包的加藤博信先生表示，以當時二〇一六年二月的時間點看來，最新潮流應該是口感較為酥脆的硬皮山型吐司。神戶人向來是硬皮麵包的擁護者，這股對硬麵包的熱愛，是否能夠風靡整個日本呢？

高級吐司熱

最近的麵包界吹起了一股高級吐司風。旗下有超商和超市的 Senev&I，在二〇一三年四月率先推出了售價一斤（約450公克）售價日幣250圓（約新台幣70元）的 Sevengold 金吐司。以一般幾十圓的一般行情而言，超過百圓價格的超市吐司算是破天荒的高價，但上市不過短短十五天，這款吐司已經熱賣了六十五萬條以上。之後，各大麵包廠商也競相推出走高級路線的吐司。

從二〇一三年左右開始，市場上甚至出現吐司專賣店。這種全新業態的吐司專賣店中，知名度最高的是位於東京銀座的「CENTRE THE BAKERY」。從二〇一三年六月開幕以來，每天都有絡繹不絕的顧客光顧。

為了嘗鮮，我曾經特地選在平日，而且是剛開店的十點前去，沒想到才十點，店門口已經大排長龍。排隊的人以家庭主婦居多，不過我前去的時候正逢春假，隊伍中也有全家總動

CENTRE THE BAKERY 的角吐司（上）和英國麵包（下）。

員或男性。甚至我也看過有年紀較長的女性，熟門熟路的告訴帶著小嬰兒的女性：「這家的麵包很好吃，我來過好幾次了。」

店內販售的是一長條的吐司，相當於2斤。種類有三種，分別是使用北美產的小麥製成的「英國麵包」，售價是日幣七三五圓（約台幣二〇七元），以及使用國產小麥「夢之力」製作的「角吐司」和使用北美產小麥製作的「Pull-man」，售價都是日幣八四〇圓（約新台幣二三六元）。坊間一般麵包店的吐司，售價大多介於日幣二〇〇～三〇〇圓（約新台幣五十六～八十五元），如果是飯店麵包店出品的麵包，價格大約是日幣四〇〇圓（約新台幣一一二元）左右。

換言之，CENTRE THE BAKERY 賣的是差不多1斤日幣四〇〇圓（約新台幣一〇九元）的吐司，屬於飯店等級的高級品。

我加入排隊的隊伍後，店員剛好從店內出來，一一詢問顧客要訂購的商品，接著終於輪到我了。

「每種各買一條。」

「很抱歉，Pullman 已經售完了。下一批的出爐時間是一個小時後。」

「如果我現在預約要等多久呢？」

「差不多三十分鐘。」

「那請給我英國麵包和『夢之力』各一條。」

聽到對方提醒我「每個人最多可以買三條喔」，我才發現這間麵包店的顧客好像習慣一次買很多。

把麵包帶回家後，當然要試試滋味如何。「夢之力」的口感Q彈有黏性，帶有甜味，而且水分很多。我覺得有點像高級新瀉的越光米，味道很濃郁，比起單吃，我覺得搭配咖哩雞做成三明治更美味。

我按照麵包店給我的說明書，把「英國麵包」稍微烤過再吃。吃起來的口感酥脆，不過一樣有一股甜甜的後味，適合抹上果醬，讓彼此的甜味發揮相輔相成的效果。

這兩款都是個性鮮明，而且帶有甜甜後味的麵包，感覺像是甜點或點心，很適合當作伴手禮。雖然麵包的定價並不平易近人，但想想日本現正當紅的都屬於重口味的布丁和拉麵，就算有人告訴我他天天都吃這種麵包，我也不覺得訝異。

麵包店的經營者是 Le Style 的社長西川隆博，在東京丸之內和澀谷都設有店面，販售道地法國麵包的「VIRON」也是由他經營。有關「VIRON」的西川，我會在第五章詳細介紹。

在後勢依然看漲的麵包風潮之中，目前人氣最旺的就是高級吐司。原本應該被當作日常食品的吐司，卻被當作休閒食品，而且從它大受歡迎的程度來看，或許對日本人而言，米飯才是主食，而麵包不過是點心或零食。

3 咖哩麵包誕生

甜麵包的進化

說到日本人喜歡的軟麵包，最具代表性的應該是源自日本的甜麵包和調理麵包吧。不論是甜麵包還是調理麵包，它們的始祖都是紅豆麵包。如我在第二章已經介紹過的，紅豆麵包的問世不只是日本人開始接受麵包的契機，也扮演了啟後的角色，促成之後各種麵包的開發。在日本受到歡迎的麵包，由日本人自己研發的比例很高。接下來，我先介紹誕生於明治年間的果醬麵包和克林姆麵包。

一九〇〇年，為了研究便於在戰時攜帶的乾糧，陸軍獲得東京麵包店、甜點店的協助，成立了製造薄餅乾的東洋製果，在東京御殿山設廠。果醬麵包就是誕生於該工廠。有鑑於甲午戰爭時，日軍即使在野戰之際，為了煮飯也照常生火不誤，導致行蹤敗露，遭受慘烈砲轟，因而深切體會到可攜帶式乾糧的重要性。構思者就是銀座木村屋的木村儀四郎。

木村儀四郎在東洋製果的工廠，看到果醬被夾入餅乾的製程，想著可以用果醬取代紅豆，當作麵包的內餡。後來，銀座木村屋推出以當時很受歡迎的杏子果醬為內餡的麵包後，沒想到消費者的反應出奇熱烈，成為超乎想像的熱賣商品，而且全國各地也跟著效法。

新宿中村屋的創業者相馬愛藏在一九〇四年發明了克林姆麵包。相馬的著作《身為一介商人》（一商人として）也提到了克林姆誕生的過程。

「某天第一次吃了泡芙，其美味讓我驚嘆不已。然後我想到，如果把泡芙的餡料改填進麵包，除了營養價值，其新鮮的風味也能替餡料麵包開創出新格局。」

不論是果醬麵包還是克林姆麵包，兩者的靈感都來自紅豆麵包，不過重點是，西式點心確實反映出時代的變化。被當作國家政策之一的洋果子店村上開新堂，創業於一八七四年。創業於江戶時代的凮月堂，從隔年也投入生產薄餅乾。在一八九四年，東京的三七七間甜點店中，有二十間開始販售西式點心或長崎蛋糕。到了明治時代後期，西式點心開始流行起來。

新宿中村屋是由一八七〇年出生於現在長野縣安曇野市的相馬愛藏，和一八七五年出生於現在宮城縣仙台市的星良（筆名為黑光）夫妻聯手創業。愛藏和良都是知識分子，前者畢業於東京專門學校（現在的早稻田大學），後者曾就學於菲利斯和英女校（現在的菲利斯女子學院）和明治女學校。

一九〇一年，兩人打算在本鄉定居，並開始做生意。他們原本打算在東大附近開一間咖啡店，卻因為附近已經開了 **Milk Hall** 而作罷。這時，販售牛奶、甜點、麵包等產品的 **Milk Hall**，在神田的學生街等地方，如雨後春筍般興起。所謂的 **Milk Hall**，其實就是喫茶店和咖啡廳的前身。

第一間開業的咖啡廳是一八八八年創業於下谷黑門町的可否茶館，但開店沒多久就關門大吉了。當初成為學生的聚會場所，現在仍持續營業的銀座的 **Café Paulista**（カフェーパウリスタ），開業於一九一一。文化業界人士最愛光顧的 **Café Printemps** 也在同一年開業。明治末年是文人雅士們相聚一堂高談闊論的咖啡廳文化黎明期。

愛藏的下一個著眼點是麵包店。知識份子在這個時期開始接受麵包，愛藏想先知道一般人有沒有可能接受，所以他開始一天吃兩餐麵包。結果一試發現可行，吃麵包一來可省下炊煮米飯的工夫，若臨時有客人來訪，麵包也可以拿出來應急。剛好就在此時，家附近的麵包店「中村屋」在找賣家，於是他就把店面頂下來開業。

在新聞等媒體大肆報導「書生轉行開麵包店」的推波助瀾下，「中村屋」的知名度大開，愛藏在一九〇九年把本店遷移到新宿，改名為新宿中村屋。這間店很快就成為荻原碌山、高村光太郎、松井須磨子等藝術家的聚會場所。不久之後，參與印度獨立運動的革命家拉希・比哈里・鮑斯（Rash Behari Bose）也以這裡當作藏身之處。俄國詩人瓦西里・愛羅先科（Vasili Yakovlevich Eroshenko）也曾寄身於此。這樣的關連也讓中村屋多了幾分國際化色彩。

菠蘿麵包之謎

菠蘿麵包的特色在於麵包體與菠蘿皮的結合，不過，菠蘿麵包究竟是誰發明的，已無從得知。二〇〇〇年代初期曾刮起一股菠蘿麵包旋風，其炙手可熱的程度甚至連移動式販賣車都出籠了。在這股風潮中，為了探索其誕生祕密而問世的調查報告是《菠蘿麵包的真相》（メロンパンの真実）。

東嶋專門報導科學新聞，是標準的菠蘿麵包迷，為了解開菠蘿麵包之謎，她走遍了日本全國各地，最後只能追蹤到似乎誕生於大正中期就沒有後續了。有關菠蘿麵包的源起眾說紛紜，包括其前身是「德國的甜點」「由移民到美洲大陸的日本人帶回」「出自日本人之手，為純本土產品」等，但至今仍沒有確切的答案。

雖然各地都能夠搬出一套說辭證明自己的說法正確，但從墨西哥也有一種外觀和菠蘿麵包如出一轍的甜麵包看來，我認為由移民引進的說法較為有力。敷島麵包宣傳室的加藤祐子小姐告訴我，她在墨西哥麵包大廠 **BIMBO** 的產品中發現了一款酷似菠蘿麵包的麵包，而且她也讓我看了網路上的照片。是一個帶有香草味酥皮的圓形麵包。另外，原書房的系列套書《「食」的圖書館麵包的歷史》（*Bread: A Global History*）也介紹了上面覆蓋著染成粉紅色或白色的甜酥皮，裝飾成各種模樣的甜麵包。墨西哥把這種上面覆蓋著甜味酥皮的麵包稱為「Concha」，據說「這是一種酵母發酵的牛奶麵包捲，上面大多覆蓋了染色的粗砂糖衣。」

菠蘿麵包廣受日本人的喜愛，也成為基本款麵包之一。不過，我想其背後不知有多少款後來才開發出來，卻還是被時代淘汰的麵包。現代的消費者容易喜新厭舊，新舊產品的交替相當頻繁。不論是菠蘿麵包等甜麵包還是調理麵包，其豐富的選項常讓造訪日本的外國人看得瞠目結舌。

將米飯和配菜混合的文化

《「食」的圖書館三明治的歷史》（*Sandwich: A Global History*）提到，「日本的『麵包店』推出了各種讓人意想不到的三明治，連義大利麵和咖哩都可以夾進三明治（作者把甜麵包和調理麵包也列入三明治的範圍）」。

作者威爾森是一位主要活躍於英美的美食記者，有著歷史學的博士學位。從每天都以麵包作為主食的西方人角度來看，日本人葷素不忌的把所有想得到的食材夾入或包入麵包，想必一定很驚訝吧。他說的把義大利麵當作餡料的麵包，說不定是炒麵麵包。在旅日外國人的心目中，炒麵麵包是一個相當奇特的存在。

每天在吃的主食，最好不要有太過強烈的色彩。以日本而言，米飯基本上並未經過任何調味。墨西哥和印度等各國的米飯、麥飯、蕎麥麵、使用玉米粉製成的薄餅，本身也都是未調味的清淡口味，以便於搭配各種配菜。西洋人吃的是發酵而成的麵包，以他們的認知而言，每天都吃的麵包，味道應該很單純。因為主食的作用就是增添配菜的美味，而且每天吃也吃不膩。

根據前述的《「食」的圖書館三明治的歷史》的描述，世界各地的三明治文化各不相同，即便是如此，麵包和料理都是各自獨立，沒有地方會混合兩者。在東亞地區，即使是和日本同樣食用麵包時間尚短的中國和韓國，也不會做成調理麵包，而是做成三明治。因此，日本獨樹一格的作風才格外引人注目吧。

米飯和配菜一起吃的文化在日本發展得相當多元。除了咖哩飯、親子丼、豬排飯等蓋飯，也有飯糰和鍋燒飯。米飯的顆粒分明，所以親子丼的蛋汁會流入飯裡，裹住米飯表面。咖哩濃稠的醬汁和蛋汁一樣，也會包裹住米飯。吃飯糰時，等於同時品嘗米飯和菜餡的滋味。換言之，米飯和配菜的組合，能夠開創出全新的味覺體驗。

透過米飯體會混合的樂趣之後，凡事講究客製化的日本同時也積極汲取西洋飲食文化，正因如此，日本才得以發展出如此多樣的調理麵包和甜點麵包吧。

調理麵包的登場

調理麵包的歷史始於咖哩麵包。說到人氣長年盤踞第一的調理麵包，應該非咖哩麵包莫屬。一九二七年，東京深川常盤町（現江東區常盤）的麵包店「名花堂」，以「洋食麵包」的名稱申請實用新案（相當於專利申請），並完成登錄。其實這款麵包就是咖哩麵包。名花堂的店名目前已改為「gattlea」（カトレア），以 gattlea 洋菓子店作為公司名稱。

創業者中田豐吉出身於崎玉縣飯能市，一八七七年前往東京開店。此時距離銀座木村屋推出紅豆麵包之後，不過短短兩年。名花店也同樣使用麴菌製作甜麵包和長條形夾餡麵包。發明咖哩麵包的人是豐吉的兒子豐治，也是名花堂的第二代店主。

因松尾芭蕉（日本俳向大家）曾經居住於此而聞名的「高橋」，是連結兩國和本所與門前仲町的重要橋樑，也是地名。貫穿街道的小名木川曾是水運的要道。豐治的三男出生於一九三九年，他就是後來成為會長的中田琇三先生。

「蒸汽船在小名木川上來來往往，高橋的街道有夜店街之稱，到了晚上，很多糖果雜貨店和賣吃的商家都會出來做生意。當時高橋繁華的程度可和淺草媲美。除了寄席（欣賞日本傳統娛樂的設施）和劇場，電影院也開了三間左右。我還記得曾經有人帶我去看過電影。」

因為高橋屬於勞動者聚集的工廠區，於是激發豐治想出以麵包當作正餐的點子。他把當時流行的咖哩當作麵包的內餡，像炸豬排一樣把麵包下鍋油炸。這項劃時代的嶄新產品，可說是在當時關東大震災，商店都化為瓦礫的百廢待舉環境下，因一定要東山再起的決心下所催生出的產物。

「gattlea」的咖哩麵包內餡偏多，的確只要吃一到兩個，就可以當作一餐。可以單手食用很方便，而且只要花少許錢就能填飽肚子。這項新產品大受忙碌的勞工們歡迎。當時的三大洋食分別是咖哩、可樂餅、炸豬排，而咖哩麵包便具備了其中的兩項要素，沒有不受歡迎的道理。在明治時期傳入日本的西洋料理，剛好在此時逐漸發展成適合配飯的洋食，並從此固定為日本常見的料理。引進令人耳目一新的食物，從此成為固定的基本款。走混搭風的創意型麵包自此形成一股風氣，和克林姆麵包的問世可說有異曲同工之處。

「名花堂」在一九四五年三月十日的東京大空襲慘遭祝融。唯一倖免的是大型石窯，而豐治馬上利用石窯重新營業。為了餬口，他把店面轉型為替顧客以南瓜和地瓜製作果醬，還有利用配給的小麥製作成麵包的委託加工店。

隨著麵包的銷售量在高度成長期不斷成長，名花堂也跟著擴大店面營業，因為人氣急速水漲船高，有一陣子甚至也開了店名為「gattlea」的洋果子店銷售花式蛋糕。據說麵包店在全盛時期總共有七間店面。一九七〇年代左右琇三先生將原本作為批發之用的「洋食麵包」，以「元祖咖哩麵包」之名對外銷售。

戰爭和麵包店

換個角度思考，歷史悠久的麵包店，都是在戰爭中浴火重生。那麼戰時和戰後對麵包店的發展有何影響呢？

日本從一九三七年開始中斷從美國、加拿大進口小麥，到了一九四一年，進口完全停止。在開始實施米配給制度的前一年（一九四〇年），小麥已開始實施配給制。一九四二年，政府制定了食糧管理法，把一斤吐司制定為四五〇公克。

麵包被定位成主要食糧，在一九四二年實施食糧管理法後，被納入負責處理主食特殊法人的地方食糧營團管理，一般米店只能銷售土司和長條形麵包；當然也無法自由製造與販賣。一九四二年，全國六大都市開始實施麵包類配給票制度。

戰敗後，因為缺乏材料，很多麵包店都改為委託加工的形式，以顧客所配給得到的麵粉，代為烤成麵包。二〇一六年四月～十月播出的ＮＨＫ晨間連續劇《大姊當家》（とと姉ちゃん）一劇當中，也曾出現在黑市經營的麵包店，銷售委託加工的夾餡麵包。在統制經濟中創業的廣島的ANDERSEN，一開始因為打不進既有體制而吃盡苦頭。直到一九五二年，才解除了麵粉和麵包的管制，能夠自由販賣。

目前在東京人形町經營「三明治Parlour木村」（サンドウィッチパーラーまつむら）的

日本橋麵包在公司名稱上仍保留有克難的時代氛圍。一九三二年出生的會長松村守夫先生告訴我，日本橋麵包是統制經濟時期，當地的麵包店聯合以信託的型態經營時所取的名字。即使戰爭結束後，加入信託的麵包店各自恢復營業，他們還是保留了原來的店名。戰前的店名是「松村麵包」。松村麵包創業於一九一二年。創業者是松村先生的伯父，第二代店主是父親，而松村先生是第三代。

松村守夫先生。

作風時尚先進的伯父，原本是製作紙拉門外框的工匠，但也是精通美食的老饕。他看準了「將來會是美食當家的時代」，所以開了麵包店。店內對麵包的製程相當講究，包括克林姆麵包的內餡都是自製，完全不假他人之手；葡萄乾麵包添加的也是酒漬葡萄乾。目前店內的產品相當多樣化，除了基本款的吐司、調理麵包、甜麵包和三明治，夾入各種餡料的長條形麵包、水果蛋糕、法式麵包也一應俱全。松村先生表示，至今為止，店裡開發了許多的新產品。

炒麵麵包始於昭和三十年代（約為一九五五年）。把絞肉咖哩包入麵包的「絞肉麵包捲」也曾經風靡一時。第二次世界大戰結束後，「奶酥麵包」成了許多學校福利社的人氣商品。這種麵包的作法是在麵糰裡加入蛋、奶油、砂糖，滴入幾滴香草精，烤得像餅乾一樣酥脆，再把弄碎的酥粒鋪在麵包上。

在高度成長期間，有許多來自宮城縣女川町的年輕人，以集團就職的型態進入店面工作，由店家提供食宿。員工的人數大約是男女各十人。據說有位前任員工前陣子才到店裡拜訪。那位員工的老家位於高台，因此在二〇一一年東日本大震災時能夠平安無事。

我在店內採訪松村先生的時候，工作人員曾走過來插話。原來是有位來自台灣的旅客，帶著雜誌過來想要請松村先生簽名。另外，據說還有投宿在店家附近商務旅館的觀光客，在店門前拍照留念。

「三明治Parlour木村」的麵包反映了時代的變遷。不論是哪一款麵包，味道都很平實，口味不會過重或太強烈，即使每天吃也吃不膩。這間麵包店在位居市中心、仍保有老街風情

1944 年，眾人在店門前替即將出征的「松村麵包」店員工送行（照片提供：松村守夫先生）。

〔三明治 Parlour 木村〕的葡萄麵包。

的人形町，依然發揮社區麵包店的機能，屹立不搖。

包含日本橋麵包在內，多虧了許多麵包店絞盡腦汁發揮創意與不斷努力，日本的麵包文化才得以成長、茁壯。

4 營養午餐的長條形餐包

美國的陰謀？

有些人認為，日本人之所以偏好軟麵包，是受到營養午餐供應的長條形餐包所影響。也有人感嘆道，因為營養午餐以餐包取代米飯作為主食，助長了大家消費麵包的風氣。根據飲食生活研究家鈴木猛夫在二〇〇三年出版，也廣受迴響的《「美國小麥策略」與日本人的飲食生活》（「アメリカ小麦戦略」と日本人の食生活）中提到，麵包出現在學校的營養午餐，其背景源自於美國的策略。

根據那本書的說法，日本人的飲食生活在戰後之所以發生重大轉變，改以積極攝取肉類、油脂、乳製品、麵包，最大的契機是美國以剩餘的小麥援助日本，連帶拓展了小麥出口的通路。在高度成長期期間，透過厚生省（現厚生勞働省）、農林省（現農林水產省）、文部省（現文部科學省）等部會的協助，其各個外圍團體得到了美國的金援，作為拓展小麥市場之用。在厚生省的管轄之下，這份事業的重心是以行動餐車的形式走遍日本全國各地，進行料理講習的營養改善運動。

學校的營養午餐也是在戰後占領期，得到美國的食糧援助而開辦。即使在一九五二年日本獨立之後，日本也和美國達成協議，以供應學校午餐的麵包為條件，接受美國援助四年。換言之，麵包成了學校午餐的主食。

美國看準了日本是未來的市場，因此以小麥援助日本。飲食西化和習慣吃麵包的結果讓日本人對麵包的喜好勝於米飯，對西餐的接受度高於和食。本書的主旨便是呼籲大家要恢復最符合日本風土、以米飯為主食的傳統飲食文化。

然而，這本書雖然是作者下足了功夫收集資料，並一一仔細解讀的嘔心瀝血之作，但他不但對日本人飲食生活發生重大改變持否定的態度，並且企圖將原因單獨歸咎於美國的小麥策略。書中也提到，日本製造麵包的技術是襲自美國，並且在傳入日本幾年內，於各地普及開來。但只要是打開本書從頭閱讀至此的讀者，一定馬上發現這樣的說法有誤。不管作者的觀點是否偏頗，美國的小麥策略都值得我們一探究竟。

書中將小麥策略的開端始於一九五四年由美國總統艾森豪催生的PL480法案（一九五四年農業貿易促進援助法，通稱為「剩餘農產物處理法」）。此法案制定後，向美國採購農產品的國家，不只可用買方國貨幣支付，並且可交貨後再付款。對接受援助的國家而言是相當有利的條件。

有關這項法案，全球性食糧問題的專家兼經濟學家的美國記者拉吉・帕特爾（Raj Patel）也曾在其著作《糧食戰爭》（*Stuffed and Starved*）提及。

在發生於二十世紀前半的世界大戰中，美國並未成為戰場，受惠於農業現代化與成功的擴充農耕地，結果造成小麥與大豆產量過剩。根據《肥胖與飢餓》一書的記載，美國在第二次世界大戰結束後，立刻向歐洲給予糧食援助，不過，歐洲各國復興後，為了保護本國農業，遂在一九五〇年向美國表示希望能停止援助。

因此美國把目標轉向亞洲等開發中國家，而為此制定的法案就是PL480。因為當時已進入冷戰，美國優先把穀物提供給西歐各國。全世界在一九五六～一九六〇年進行的小麥交易，有超過三分之一是美國提供的小麥援助。

至於對日本的援助，根據書中的說法是，「美國把小麥銷往日本，同時也反映出美國自詡為反共產主義的最後堡壘，把向日本銷售小麥所得的利潤，充當部分讓日本重新採購軍備之預算的企圖」《糧食戰爭》。由此可見，美國在冷戰架構中所進行的糧食支援，也包含對日本的盤算。換言之，美國的小麥策略確實存在，並非無中生有。但是，有關這個結果導致日本人的飲食生活受到改變，應該視為另一個問題各別探討。

改善營養的麵包

話說回來，日本人為什麼會開始對麵包和洋食採取積極的態度呢？雖然麵包和西式飲食在戰爭之前已經開始興起，但是二戰結束之後，美國對日本的影響究竟到何種程度呢？讓我們一同看看在鈴木的著作發表後，隸屬於農林水產省的荻原由紀為了反駁不實謠言而發表的論文〈昭和二十～四十年代，生活改良普及員的營養指導之意義與功績〉《農業與園藝》（農業および園芸）的看法吧。

根據荻原的說法，飲食生活改善的指導者是隸屬於農水省的生活改良普及員，從一九四八、一九四九年開始進行指導，目的的重點是改善農村地區的營養狀況。農村地區在第二次世界大戰期間實行配給制，主食從麥子、芋頭、雜穀換成白米，因為白米比例偏高而營養失衡，導致健康受損的人比比皆是。生活改良普及員的其中一位成員在雜貨店等處看到麵包成為上架商品後，試著向農家推薦，結果得到的反應是，「味道好又不必花人力調理，在農忙期可以派上很大的用場，很受歡迎」，因此，食用麵包的風氣也逐漸從農村普及到全國各地。

這篇論文有一點不容易明白的是，文中所指的以行動餐車進行指導的實際執行者，應該是一九五六年在厚生省管轄下所設立的財團法人日本食生活協會。荻原卻寫著得到指導的對象是「對配菜知識不足的農村和都市中經濟較為貧困的階層」，而且內容是「配菜的指導」。

鈴木在書中提到行動餐車指導的料理包括咖哩香料飯（Pilaf）、奶油炒菠菜等用油量較多的料理，但荻原所列舉的卻是芝麻味噌醬淋麵線、炸海苔豆腐捲等口味偏日式的菜餚。我想，在各種料理的提案中，應該是洋食與和食各占有一定比例的作法比較合理吧。

有關戰敗後馬上施行的學校供餐，荻原的說法是，「GHQ的承辦人員希望供應米飯和味噌湯，但日本因為戰敗帶來的混亂和作物歉收，所以以無法供應物資的理由拒絕了。」另外再補充說明，「當時無法引進大型的飯鍋，能夠迅速將沾附在餐具上的米飯沖洗乾淨的技術（清潔劑和道具）也付之闕如，所以以米飯供餐的困難度也隨之提高吧。」換言之，在學校午餐供應米飯在當時是不可能的。

如果按照荻原的理論，即使美國的小麥策略確實存在，日本也是基於改善營養的需求，飲食才會趨向西化並積極攝取麵包。

國家開始重視改善國民營養的問題，並不是僅有在行動餐車活躍的時代。戰前也曾以軍人為主要對象，提倡以麵包為主食。原因是為了加強攝取日本傳統飲食生活中容易欠缺的蛋白質和油脂。到了昭和三十年代，政府為了加強宣導，也到處張貼鼓勵國民攝取上述營養的海報。

直到一九八二年，國家的政策才開始轉彎，農林水產省實施了「落實日式飲食生活促進對策」，提倡國民要節制油脂攝取量，積極攝取蔬菜與米飯。政府鼓勵國民以米飯為主食，保持飲食的營養均衡，除了要攝取牛奶、黃綠色蔬菜、海藻，更呼籲不可過量攝取動物性脂肪、鹽分和糖分。

換言之，在高度成長期之前，配菜攝取不足一直是日本人飲食上的問題，但過了高度成長期之後，配菜和零食的攝取過量反倒成了問題。日本人自古的飲食文化是以米食為主，但同時也孕育了以小麥代替米飯的文化。

不過，從數據看起來，不禁讓人覺得鈴木的主張或許確實說中了部分事實。看了依照年齡別，總務省家計調查中的麵包消費金額，二〇一二～二〇一五年這段期間，每個人平均消費麵包的金額以五十～六十歲的年齡層最多，二十幾歲的年齡層最少（圖3-1）。說到這個時期的五十～六十歲，在昭和三十～四十年代（一九五五～一九七五年）正值小學生的年紀。也就是美國對日本展開小麥策略時，在學校供應的午餐中吃了好幾年餐包的世代。影響一個

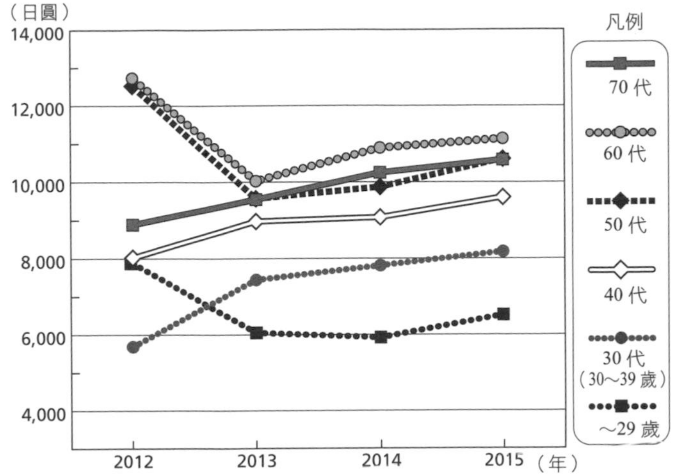

圖 3-1　各世代麵包消費金額的變化

根據「家計簿調查結果」（總務省統計局2012～2015年）的數據為基礎加工而成。

人對飲食的喜好因素雖然不只一個，但學生時代的供餐或許有著某種程度的影響力也不一定。

學校供餐

日本於一八八九年首度開辦學校供餐，地點是山形縣鶴岡町（現鶴岡市）的私立忠愛小學。學校為了家境貧困而無法帶便當的孩子，準備了飯糰、鹽漬鮭魚、醬菜等伙食。學校供餐的理念是為孩子補充營養，而現在的學校供餐也繼承了這樣的初衷。

之後，各地也推出營養午餐，但是很多學校提供的主食都是麵包。這點恐怕和設備有最直接的關係。若要提供米飯，學校必須準備炊飯設備，但如果提供麵包，只要向廠商採購就行了。根據《明治麵包百年史》所述，經濟大恐慌開始的隔年一九三〇年，文部省（現文部科學省）等於在全民強烈要求的聲浪中推動了「營養麵包」的學校供餐。東京的學校供餐也在同一年啟動，兩年後，在地方成立了共同麵包製作所，提供由當地產（長野縣和岩手縣為主）的小麥所製造的麵包。

「營養麵包」即是在麵糰內加入磨成粉的魚肉或薯芋所製成的麵包。用意可能是當時的供餐沒有配菜，所以為了多少能補充一些營養。戰後，供餐升級成有主食也有配菜的「完全供餐」，而來自美國的援助物質——麵粉也在此時登場。

戰後的物質缺乏和歉收，導致全民都處於飢餓狀態。學校供餐從一九四七年開始在都市地區試辦。一九五〇年拜Garioa（占領地救濟基金）所賜，原本只提供給八大都市的麵包、脫脂牛奶、副菜所組成的完全供餐，也擴大到全國各地。隔年，因為在《舊金山和約》中決定讓日本保持獨立而中斷資金，但如同前述，美國依然持續援助日本。因此在來自全國的請願下，一九五四年，政府頒布了《學校給食法》。

等到經濟變得富庶，學校應該以米飯供應的聲浪又逐漸升高，原因是稻米的產量過剩。為了解決糧食不足的問題，日本在戰後投入大量心力以增產稻米，包括機械化、使用農藥與化學肥料、開拓農地。雖然鈴木表示，因為從美國大量進口小麥，導致國產小麥的產量減少，其實真正原因是受到戰後以稻米優先的政策所影響。

因為稻米生產過剩，從一九七〇年代開始實施減產政策，米飯的消費量從一九六二年開始逐年遞減。原因是再加上一連串的飲食生活改善指導也出現成果，國民的經濟水準提高，即使不增加飯量，也能靠配菜填飽肚子。

學校供餐的主食從一九七六年換成米飯。翻閱集結昭和時期彙整日本各地的供餐書籍《懷念的給食菜單》（なつかしの給食　献立表）後，以一九七八年埼玉縣浦和市的二月份菜單為例，除了餐包、吐司、可樂餅麵包等主食，也出現了雞肉飯和什錦炊飯各一次。一九八一年六月的栃木縣真岡市供應的伙食當中，米飯出現的次數有十三次，而麵類和麵包類合計出現的次數僅有九次。由此可見，以米飯供餐的方針確實已落實。

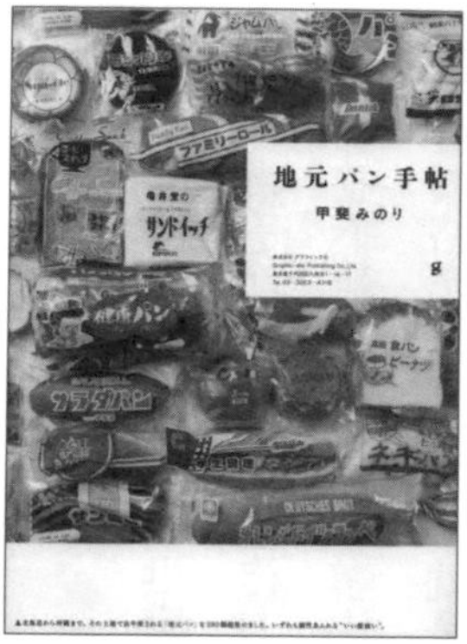

《當地麵包手帖》封面上滿載的各種當地麵包。

推出元祖咖哩麵包的「gattlea」（カトレア）的中田琇三先生也與我分享，一九五〇年代中期，當時他還是個中學生，班上同學都說：「中田你家開麵包店的，你來當麵包股長」，所以他負責聯絡原本位於麴町、學校附近的「木村屋」，在十點或十一點對方來收訂單前，統計好大家訂的紅豆麵包、果醬麵包、花生醬麵包等種類和數量。交出訂單後，麵包店就會在午休時間把麵包送過來。

學生時代吃著學校提供的麵包午餐長大的四十～五十歲的朋友們，聽我問到有關麵包的回憶時，大部分人與我分享的是十幾歲時，自己去買麵包的回憶。下課後吃的麵包不是可樂餅麵包就是炒麵麵包。畢竟只吃甜點，還是無法滿足食慾旺盛的十幾歲青少年。雖然也有大阪燒等日式輕食可以選擇，但麵包的優勢是可以邊走邊吃。

直到今天，甜麵包、調理麵包依然在日本各地，記錄了許多人青春時期的集體記憶。作家甲斐みのり的旅行足跡踏遍日本全國，他所著的《當地麵包手帖》（地元パン手帖）就是一本介紹各地麵包的作品。

書中介紹的麵包附有照片，幾乎都是質地柔軟的種類，沒有硬麵包。除了果醬麵包、克林姆麵包、紅豆麵包、菠蘿麵包、咖哩麵包等基本款麵包，還有許多當地限定的特殊口味。例如由北海道日糧麵包出品，裹著巧克力糖衣的「Choco Bricco」；來自福島縣「岡崎甜甜圈」、形狀像腳丫子的「香港腳麵包」；來自高知縣，以蜂蜜蛋糕體包裹住麵包的「帽子麵包」；來自福岡縣的「夏洛」，吐司裡夾著海綿蛋糕和鮮奶油的「衝浪」等。岩手縣盛岡市的「福田麵包」，店內產品只有長條形夾餡麵包和吐司兩種，不過夾餡三明治的種類約有五十種之多。這間麵包店創立於一九四八年，第一代店主為宮澤賢治的學生。

日本有許多麵包店，雖各自背負著不同的歷史，但同樣的是都備受當地居民的喜愛與支持。質地柔軟的麵包，正是麵包文化本土化，在日本紮根的最佳證明。

不過，長條餐包（Coupe Pan）的「Coupe」是來自法語。為了配合自身的文化，日本人在麵包客製化的路上不遺餘力，那麼正宗的麵包，究竟是如何誕生與發展呢？此外，日本的麵包在正宗發源地的人們眼中，又呈現何種樣貌呢？

第四章

西洋的麵包文化

1 基督教和麵包

神聖的食物

對西方人而言，麵包是每天不可或缺的主食，正因如此，他們才會把麵包帶進日本。但是，有關麵包在日本究竟是不是主食，大家的意見卻相當分歧。

主食對食用的人而言是神聖之物。以日本人來說，說到主食首推米飯。在建國神話《古事紀》中，日本被稱為「豐葦原瑞穗國」。意思是建立在長滿茂盛蘆葦草原的濕地上，稻穗結實累累的國家。神社和天皇家的行事和稻作也有密不可分的關係。皇居裡闢有水田，而天皇也會親自播種和收割。

就像五穀豐穰這句話一樣，稻米以外的穀物也被視為重要的食糧。根據《古事紀》的記載，建速須佐之男命命令女神大氣都比賣準備食物給自己吃，不料看到女神從鼻孔、口中、肛門取出食物，因此勃然大怒，斬殺了女神。結果從女神頭部生出桑蠶、兩眼生出稻種、兩耳生出粟米。另外，從鼻子生出紅豆、從陰部生出麥子、屁股生出黃豆。神產巢日神將這些種子撿拾起來，成為五穀的起源。

美洲大陸的原住民，長久以來一直將玉米視為神明崇拜。

猶太人為了傳承先祖以往曾受到埃及統治的記憶，會舉辦「新年逾越節」，連續吃八天「無酵餅」。這是因為猶太人離開埃及時過於匆忙，來不及把酵種放入麵包。即使到了現代，嚴格遵守信仰的人，依然會仔細打掃家裡，以徹底消除酵母的痕跡，而且烤的是未經發酵的Matzo（無酵餅）。

開創了基督教的耶穌，在新年逾越節期間被猶太人們處死。由門徒以他佈道內容為主所記錄的傳教生涯，就是《新約聖經》中的四福音書。讀了四福音書，可以了解基督教與麵包、葡萄酒之間密不可分的關係。我看的是基督新教中學所使用的一九五四重譯的《新約聖經》，發現光是《馬太福音》，提到麵包的記述就有七次。

舉例而言，耶穌所行的神蹟之一是以五塊餅和二條魚填飽五千名信眾的肚子。後來又以

李奧納多・達文西《最後的晚餐》（1495～1498 年、恩寵聖母教堂）。

七塊餅和少許小魚讓四千名信眾吃飽。

「最後晚餐」是除了李奧納多・達文西以外，也成為其他幾位畫家作畫題材的知名場面。在「最後晚餐」的故事中，耶穌拿起了麵包，祝福禱告，並掰開遞給門徒，對他們說：「這是我的身體」，接著端起葡萄酒說：「這是我為了很多人立約而流的血」。最後，耶穌在與門徒們用餐時遭到逮捕，受到極刑。

前段提到耶穌說麵包是自己的身體。《約翰福音》曾提到耶穌向聽眾訴說，給予麵包的人不是帶領猶太人離開埃及的摩西，而是「我的父親」。神的麵包從天而降，使吃過這麵包的人得到生命」的場面。「我的父親」指的是神。耶穌向眾多前來要麵包的人們說：「我就是生命的麵包，到我這裡來的必定不餓，信我的絕對不渴」，促使民眾們改信基督教。對麵包文化區的人而言，正因為耶穌把象徵維持生命的糧食當作自己的象徵，因此麵包才會成為基督徒眼中意義格外不同的食物。

大航海時代與日本

日本人與麵包的相遇，也和基督教有關。日本人開始吃麵包是明治時代以後的事，不過首先知道它的存在是在十六世紀的大航海時代。

一五四三年，一艘葡萄牙船隻漂流到日本九州南方的種子島，於此同時，傳入了槍砲和麵包。日語的「麵包（Pan）」，其實源自於葡萄牙語「Pao」。

之後，隨著基督教傳教事業和擴展貿易的需求，航海於世界各地的歐洲人陸續來到日本。一五四九年，傳教士方濟・沙勿略登陸鹿兒島。沙勿略想要宣揚的天主教以教宗為最高領袖，並且供奉誕下耶穌的聖母瑪利亞像。天主教教會在星期日望彌撒時，會執行重現「最後晚餐」

的聖餐禮。信徒會從神父手上領取麵包和葡萄酒。儀式所使用的麵包，是類似小仙貝的薄餅。

從高山右近等改信基督教的大名們陸續出現，不難想像帶著神聖的食物——麵包一起進行的傳教事業已獲得一定的成功。長崎的大名大村純忠是日本第一位信奉基督教的大名，他還把長崎奉獻給基督教教會。成為開港地的長崎，受到西洋文化強烈影響而成為國際都市。從現今留存的紀錄顯示，十七世紀時，長崎成為西方人航海時必備餅乾的生產據點，而且還出口到菲律賓。

然而，對志在統一天下的豐臣秀吉、德川家而言，除了來自西葡的侵略風險，信徒也會因為信仰而凝聚向心力，所以他們把教會視為危險的存在。一五七八年，當秀吉得知大村將長崎奉獻給教會後，下了第一道的伴天連追放令（意思是驅逐傳教士）。到了一六一三年，江戶幕府全面禁止基督教活動。接著到了一六二四年，更禁止西班牙的船隻前來日本。

為了抗議藩主對基督教的迫害和過於嚴苛的年貢等暴政，領民在一六三七年引發了島原之亂。德川幕府便以此為理由，在一六三九年禁止葡萄牙船隻登陸日本。此舉宣告鎖國時代開始，與西歐的貿易往來只剩下荷蘭照常進行。因為荷蘭信仰的是新教，而不是西葡信奉的天主教，不會在進行貿易的時候同時傳教。

不過，荷蘭人被限定僅能在出島活動，也不被允許與日本人自由交流。因而就此錯失讓日本人廣為認識以麵包為主食的文化的機會。

話說回來，從葡萄牙傳來的金平糖（外型像星星的糖果粒）和蜂蜜蛋糕等甜點倒是在日本被發揚光大。另外，藉由南蠻貿易（南蠻指的是歐洲人）的機會，也引進了辣椒、馬鈴薯、菠菜等作物，並且在日本變得非常普及。至於在出島，和蘭學一起被零星引進日本的西洋文化，在恐懼被殖民化而開國的近代日本迅速發展。一八七三年，基督教在日本解禁，麵包也正式被引進。

基督教徒的麵包店

提到麵包在日本發展的歷史，不能不提基督教，因為基督教徒對麵包的普及功不可沒。

新宿中村屋的相馬愛藏・黑光夫妻因為同屬一個教會而結緣。曾在新宿中村屋學藝，爾後創立了全日本銷售量最高的山崎麵包的飯島藤十郎也是基督徒。

明治時期到日本的傳教士相繼創辦了學校。這些基督教私立學校提供給學生的伙食中就有麵包。相馬夫妻之所以想經營麵包店，其動機之一便是，黑光念念不忘當年唸菲利女學院的時候，從橫濱元町「打木麵包」送來的麵包滋味。

京都的老牌麵包店「進進堂」（進々堂）的店主也是基督教徒。明治末年，出身於京都釀造家的鹿田久次郎創業進進堂，但是他後來為了全心投入老師內村鑑三提倡的無教會主義運動，把店面讓給妹妹花子和妹婿續木齊。於是，眾所皆知的「進進堂」於一九一三年誕生。

齊學生時代也曾師從內村鑑三，他和畢業於明治女學校、同志社女學校（現同志社女子大學）的花子同為虔誠的基督教徒。

齊嚮往法國文化在一九二四年赴法留學二年，以日本人開的麵包店而言，他是史上第一位到巴黎進修的麵包師傅。齊回國後，立刻從德國進口當時在日本已經普及的石窯，開始製造法國麵包。夫妻倆在京都帝國大學（現京都大學）前也開了咖啡店，成了京都大學學生們

「關口法國麵包」的第 4 代店主高世勇一先生。攝於店內。

的休閒去處。

不只齊在法國留學的兩年，直到齊在一九三四年以五十二歲之齡早逝後，花子也一直守著店面，持續經營。根據《麵包的明治百年史》紀錄，這是因為她敬畏著身為明治女學校的前輩相馬黑光，一直謹守著價廉物美的原則與她做生意。花子在一九五五年去世，享年七十歲。「進進堂」目前在京都有十一間店面。

說到法國麵包，在第二章介紹過的「關口法國麵包」，也和基督教頗有淵源。關口法國麵包的創始人是法國傳教士，而接下「關口法國麵包」繼續營業的是教友高世啓三。

現在的經營者是第四代店主高世勇一先生，

他出生於一九六一年，全家都是天主教徒。勇一先生父親的那一代，主要與雙葉學園和白百合學員等天主教學校配合，供應大量麵包作為學校供餐之用。勇一先生唸的曉星學園也曾是店內的客戶。

「比我們年長十歲、二十歲以上的學長們都說：『學校午餐供應的法國麵包雖然硬，但是很好吃。』直到現在，他們還是會上門光顧。我們那時候吃的是吐司和奶油麵包捲。」

一九八一年，身為第三代店主的父親，在勇一先生二十歲那一年過世了。店面由母親接手，繼續營業，勇一先生則在這段時間繼續大學的學業。畢業後，他從一九八四年開始，在橫濱的麵包店習藝。那間店的社長告訴他：「你以後又不是要當師傅，應該先學計算。經營麵包店有很多細節要注意，如果數字不強就沒戲唱。」因此他在店裡的主要工作是當店長。

回到自家店後，他發覺，如果光靠學校午餐的訂單，暑假時就會面臨無單可接的窘境，而且學校訂單的競爭也變得愈來愈激烈，因此他判斷今後的經營會更加困難。於是他在目前位於文京區關口的現址開了直營店，想辦法逐漸提升直營店的營業額。目前的營業額有八成來自直營店，有二成是批發。

以「關口法國麵包」在直營店的銷售情況而言，法國麵包的銷售額有時可多達營業額的四成。勇一先生表示，「我想這三十年來購買法國麵包的顧客增加了。尤其到了聖誕節，業績更會明顯提升」。這表示，為了配合西式料理而買麵包的人增加了。從這點看來，我認為這也意味著麵包已稍微動搖了米飯的地位。

2　麵包的西洋史

古代文明的麵包

為了掌握西方人與麵包，以及與基督教的連帶關係，我們必須先了解西洋的歷史。首先從前一章也稍微提及的猶太人與麵包的關係談起。

猶太人為了逃離法老的殘暴統治而從埃及出走時，領袖摩西聽從了神的曉諭。內容是今後對飲食的規定，也就是目前眾所皆知的「潔食（Kosher）」。《舊約聖經》（一九五五年重譯）的「出埃及記」，對「逾越節」有以下的記述。

「在這七天，你們不可吃有酵的餅，從第一天開始，你們務必除去家中的一切麵酵。」

猶太人們逃出埃及是西元前十三世紀的事。在這個時代，埃及人已經懂得如何製造發酵過的麵包。

麵包的歷史始於包含現今的伊拉克、阿富汗、科威特、敘利亞、以色列、巴勒斯坦等國家的「新月沃土」。西元前四〇〇〇年，蘇美人在伊拉克建立的古代都市烏爾和烏魯克等，是美索不達米亞文明的重要據點。

烏魯克是以麵包為主食的社會，有各種以大麥和小麥製成的麵包，也有發酵麵包和無發酵麵包。出土的文物中也發現了大量的麵包模型。

古代埃及遺跡中也出土了許多與麵包有關的遺物。另外，考古學家也發現了麵包店的遺跡、已塑型的麵包和動物造型的麵包等各種有關麵包的繪畫、描寫製造麵包過程的壁畫。另外，讓人驚訝的是，連古希臘的歷史學家希羅多德都曾說：「埃及人就是喜歡吃麵包」。由此可見埃及人對麵包的喜愛。

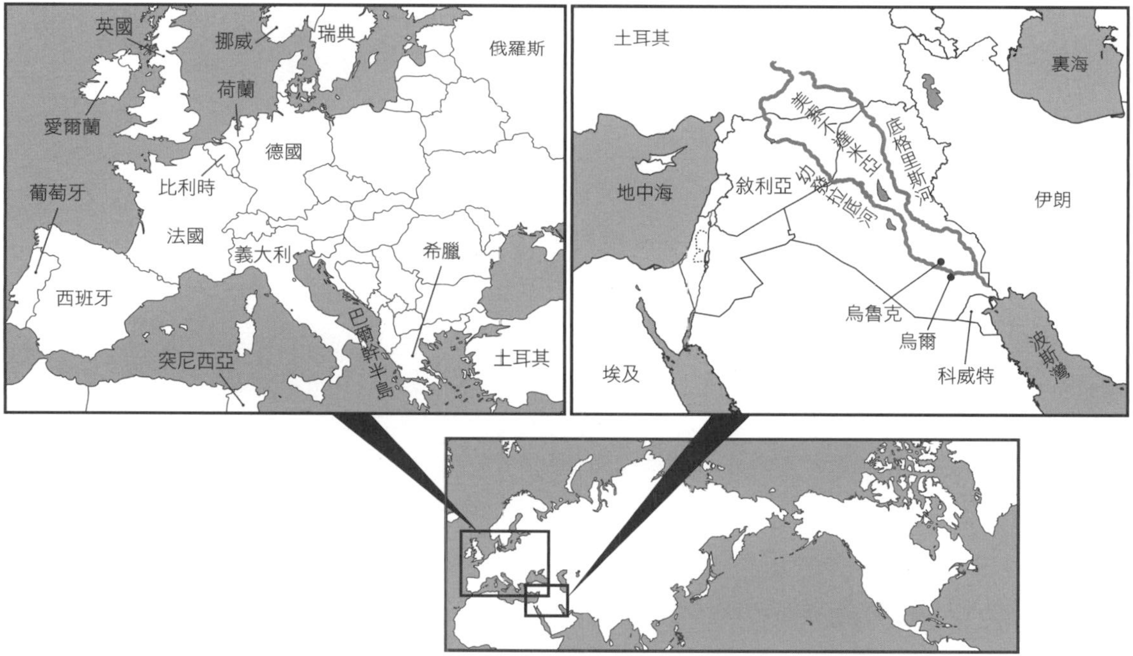

美索不達米亞文化發祥於底格里斯和幼發拉底河兩河流域。之後，食用麵包的習慣也擴展到歐洲。

不久之後，麵包也傳入取代埃及而興起的希臘。荷馬知名的史詩《奧德賽》中也有麵包登場。根據《麵包和麵與日本人》（パンと麵と日本人）的說法，希臘人想出這樣的方法製造麵包的酵種：「把白葡萄酒的殘渣混入小米磨成的粉，再加入麵粉」。除了用杜蘭小麥、大麥、二粒小麥等製造的白麵包，也有全麥麵包。

古羅馬繼希臘之後崛起，也是以麵包為主食。古羅馬的興起始於西元前一〇〇〇年左右，在台伯河畔建設都市國家。古羅馬在西元前六世紀建立共和制，在西羅馬帝國於四七六年滅亡之前，其勢力範圍在最強盛時期，一路延伸到不列顛群島的西歐、中東、北非等地中海沿岸。耶穌在當時受古羅馬統治的加利利被處以死刑時，下令的正是猶太行省的總督彼拉多。

把穀類磨成粉或煮成粥食用的羅馬人，從希臘人學到製作麵包的方法。到了約西元前三十年，羅馬帝國境內已有三二九間優質的麵包製作所，全都由希臘人經營。羅馬也設有麵包學校，甚至成立了專利的聯合組織，可見麵包當時被視為如此重要的糧食。麵包所烤出來的麵包包括麵包小麥（一般小麥）、杜蘭小麥、大麥、黑麥等。統治階級吃的是以小麥製成的白麵包，另外會添加橄欖油、橄欖、無花果、碎培根等增添風味。

來自古埃及新王國時期18王朝（西元前16～13世紀）高官的墳墓壁畫。壁畫描繪著師傅們正忙於揉製麵糰等製作麵包的過程

相反的，義大利半島因幾次的戰爭造成農地荒廢，因此以橄欖和葡萄等果樹的栽培為主要農業，小麥等穀物必須仰賴從突尼西亞、埃及、希臘等行省進口。羅馬在西元前二十七年，從共和制改為由皇帝掌握大權的的帝國制，其目的也是為了確保糧食的來源。

帝政時期的羅馬，貧富差距擴大，鄉村的人為了尋求糧食而流入都市。窮極末路的羅馬帝國最後分裂為東西兩半，西羅馬帝國最後在鄂圖曼土耳其人等異族的入侵下滅亡，麵包烘焙的技術因此荒廢了一段時間，不過伊比利半島西哥德王國的西哥德人，從東羅馬帝國的羅馬人手中學會了讓麵包發酵的方法。不久之後，鄂圖曼土耳其人也習得此法，讓整個歐洲都成為麵包文化區。

白麵包是奢侈品

統治巴爾幹半島以東的東羅馬帝國，由羅馬的基督教會承襲了製作麵包的方法。東羅馬帝國起初迫害了基督教徒，但隨著信徒的增加，最後不得不在西元三一三年承認基督教。原因是製作麵包的技術已隨著麵包和葡萄酒是神聖之物的價值觀傳入歐洲。

中世紀初期，修道院已建設了水車，有能力磨粉和製造麵包。不久之後也建立了烤麵包的石窯，但建設權屬於領主，不論是麵包店還是一般庶民，都必須向領主繳納烤窯的使用稅才吃得到麵包。

歐洲之所以開始以麵包當作主食，原因在於八～九世紀時人口急速增加。為了增加穀物的生產量，森林和原野被開拓為農耕地。結果造成肉類成為特權階級的專屬物，麵包成為人民的日用糧。到了十一世紀，農民將農地劃分為三部分，各自栽種豆類和大麥等夏季作物、小麥和黑麥等冬季作物、輪作的休耕地三圃制農業變得普及。因為生產力提升，麵包也開始在庶民之間普及開來。

中世紀歐洲是貧富落差非常劇烈的時代。王公貴族得以享用以肉類為主的豐盛飲食，因此，肥胖在當時被視為社會地位的象徵。只要一開宴會，一定會準備堆積如山的料理。也會大量使用透過貿易入手的高價香料。當然，麵包是日常的食物。

一般庶民的主食是以雜糧、麵包皮、蔬菜等煮成的雜燴湯，搭配雜糧麵包、全麥麵包、黑麥麵包。只有節慶和有喜事的日子才能夠吃肉配啤酒、葡萄酒。

佛羅倫斯和西恩納從十四世紀以後，麵包的消費量迅速增加，新興的資產階級為了炫耀自己的成功，吃的是特地篩去麩皮（小麥的表皮）所製成的白麵包。庶民吃的是混合了全麥、大麥、燕麥、小米的黑麵包。

位於歐洲北部的德國，直到今天，一般民眾吃的仍是混合了黑麥和雜糧的黑麵包，而以小麥製成的白麵包則曾是富裕階級的專屬品。

白麵包是富裕，而黑麵包是貧窮象徵的觀念深植在歐洲人的心中。第二次世界大戰之後，純白的麵包依然被視為復興的象徵而風靡不衰。

到了二十世紀後半，德國在一九六〇年代左右已領先各國，以健康的觀點，重新正視全麥麵包的價值。不久之後，一九七三年的石油危機結束，在高度成長期迅速發展的先進各國，基於對反璞歸真的嚮往，開始用「深具傳統」「具健康概念」等字眼形容富含維生素和礦物質的黑麵包，讓它成為經濟寬裕階級的新寵。另一方面，白麵包由工廠大量生產，因為價格便宜，對庶民而言不再遙不可及。

和目前仍是小麥重要生產地的埃及不一樣，歐洲並不是每個地區都適合栽培小麥。北德、俄羅斯、北歐等地區之所以成為黑麵包文化區，原因在於當地嚴苛的氣候條件不利於小麥生長。即使如此，他們還是以麵包為主要食糧的原因在於受到起源於地中海沿岸的基督教影響。為了得到麵包與葡萄酒，歐洲人不斷的開拓森林與原野。

不再吃麵包的法國人

從十四～十六世紀文藝復興時期以後，歐洲各國各自走上不同的發展道路。舉例而言，法國的麵粉黏彈性不佳，只能藉助蒸氣的力量才能膨脹，所以不放入模具塑型、直接烘焙的麵包成為主流。

法國除了是舉世皆知的麵包大國，也是以美食聞名的國家。除了日本，許多國家也會把法國料理應用於外交場合，這種作法始於在拿破崙一世時代，擔任外交官的德塔列朗（Talleyrand-périgord）。他把美食當作誇示政治權力的手段，對飲食的花費毫不手軟。他的主廚正是著名的安東南・卡漢姆（Maire-Antoine Carême）。從十八世紀後半到十九世紀初，美食家格里蒙（Grimod de la Reyniere）透過舉辦充滿戲劇化效果的餐會、發行《老饕年鑑》（Almanach des gourmands）等各式各樣的活動，提高了法國飲食文化的社會地位。在廚師與媒體的相互協助之下，法國料理被推向世界級的地位。

不過，現代的法國和日本一樣，也面臨著傳統獨特飲食文化衰退的危機。從二〇一〇年法國料理被聯合國教育、科學及文化組織列為無形文化資產這件事，不難察覺出法國人的危機意識。

相較於日本面對的是米消費量減少，法國則面臨麵包消費量衰退的問題。根據《麵包的歷史》所述，麵包消費量的巔峰期是在十九世紀。據說一天的消費量可高達七〇〇公克，少則也有五〇〇～六〇〇公克。一九三〇年代降為四〇〇公克，到了一九六五年則是二三六公克，等到二十世紀結束，麵包的一天消費量只剩下一六五公克。為什麼大家不再吃麵包了呢？

法國是第一次世界大戰的主戰場，在第二次世界大戰時被納粹德國占領，國土再次成為戰場。歷經這兩次的戰爭，法國不論在戰爭期間還是戰後，飲食上都面臨了嚴峻的考驗。小麥不足，人民只能吃摻了黃豆、大麥、黑麥粉的麵包，顏色偏黑。按照前述《麵包的歷史》的描述，「一般法國人吃的黑麵包黏黏的，散發討人厭的臭味」。很多人直到現在，仍然對日本在戰爭期間和戰後成為主食的雜糧、麵疙瘩和地瓜敬而遠之，法國人則是對戰爭時期的黑麵包餘悸猶存。

十八世紀時，白麵包在都市的庶民之間開始變得普及，在鄉村普及開來，則是在一九三〇年代左右。無奈的是，鄉下的人好不容易能吃到白麵包，卻又因戰爭而不得不恢復吃黑麵包的日子。

一九五〇年代後半法國終於擺脫食糧不足，不必再吃黑麵包。原因是受惠於小麥在國內能夠自給自足，以及引進新的製作麵包方法。借助電動馬達的力量，能夠強力、長時間攪拌麵糰，使麵糰氧化，製造出全白的麵包。麵包的機械化在第一次世界大戰後正式啟動。

隨著高速攪拌機的普及，麵包師傅也開始運用蠶豆粉和維生素C，藉以做出又白又軟且品質穩定的麵包。但是「以這種方式製造出來的白軟麵包，吃起來毫無風味可言，連討人厭的味道都吃不出來。為了彌補味道的不足，麵包店得添加更多的鹽」（《麵包的歷史》）。另外，為了讓麵糰順利通過分割器和成型機，幾乎都省略一次發酵，改以加入大量的商用酵母，導致麵包品質下降。

麵包業界開始發生轉變，大約起源於一九八〇年代有酵母業者推出量產化的野生酵母，麵粉公司也開發出不摻入蠶豆粉等添加物的麵粉。從一九九一年開始，以榮獲ＭＯＦ（法國最佳工藝師）的工藝師為主力，舉辦了「世界盃甜點大賽」。另外，以傳統製法為賣點的年輕師傅也紛紛崛起，為提升麵包的風味注入心力。

但是，經濟變得富裕之後，消費者吃得起更多配菜，再也不需要攝取大量麵包。因為美食已變得唾手可得，或許比起份量，消費者更重視味道。

這樣的歷史發展和日本很相似。日本受到戰爭的影響和產業化，醬油等基本調味料改變了原有的生產方式，味道也產生了變化。接著，大家變得多吃菜、少吃飯。隨著電鍋的進化等因素，日本人更加講究米飯的味道與口感。或許是行有餘力之後，主食也跟著傾向為「吃巧不吃飽」吧。

穀倉地帶——美國的誕生

美國一路走來的歷史和法國天差地遠。美洲大陸原屬於玉米文化區，直到有「哥倫布交換」之稱的大航海時代才引進小麥，歐洲則從「新大陸」帶回了馬鈴薯、番茄、辣椒等。

一五六五年，西班牙人占領佛羅里達，把小麥的種子帶進新大陸。一六二〇年，新教的清教徒抵達目前麻塞諸塞州的普利茅斯，開拓土地。有一半的開拓者生存了下來，而他們邀請向自己伸出援手的原住民們所舉辦的宴會，就是美國最重要的節慶——感恩節的原型。出現在感恩節的大餐包括火雞等鳥類、鹿肉和栗子等，還有小麥製成的麵包和葡萄酒。

美國現在已成為世界麵粉供應庫，歷經漫長而艱辛的開拓歷程才達到這樣的成果。其實在十九世紀之前，小麥並不像現在可以大量生產。由蘿拉・英格斯・懷德（Laura Ingalls Wilder）所著，傳世至今的系列小說《大草原之家》（*Little House on the Prairie*），便是描寫當時開拓艱辛歷程的作品。

懷德於一八六七年出生在威斯康辛州。她在十八歲結婚成為農家的主婦，直到過了六十歲，才動念以自己的童年時代為主題，提筆寫成小說。她一共出版了九本小說，最後在一九五七年以九十歲之齡過世。這些作品以個人經驗為切入點，將開拓生活的點滴描述得活靈活現，堪稱是一部美國生活史。

《大草原之家》描寫的是蘿拉五歲時，在威斯康辛州森林度過的一年歲月。「爸爸」負責在森林狩獵熊、鹿，好讓大家有肉可吃，再把毛皮換成現金。除此之外，還要飼養牛、豬，在開墾地種植馬鈴薯、胡蘿蔔、蕪菁、高麗菜、洋蔥、南瓜、玉米等作物。到了秋天則宰豬，做成培根、香腸和用鹽做成醃肉等。「媽媽」固定在星期四製作奶油，在星期天烤麵包。「爸爸」在冬夜會拉起小提琴，全家一起唱歌。

到了秋天，有打穀機的人們過來替小麥打穀。大功告成後，「爸爸」發出了這樣的感慨：「不論哪一家，如果用連枷打穀，至少要整整半個月才做得完。最重要的是，用連枷打穀，沒辦法打下所有小麥。機械真是了不起的發明！」

以明尼蘇達州生活為主題的《梅溪河岸》（*Laura Ingalls Wilder*），除了描述十九世紀後半農業開始進入機械化的情況，也敘述了即將收成的小麥遭受蝗災的慘況。「爸爸」為了想辦法養活家人，離家到尚未結束收成的東部工作。從這點可以窺見開拓生活的一部分。不難想像，小麥是他們自給自足的生活重心，也是重要的收入來源。原來，美國也曾經歷如此嚴峻的時代。

《大草原的「小家庭的料理書」來自蘿拉・英格斯一家的故事》（*The little house cook-*

book, Barbara G. walker），是一本研究蘿拉故事中所出現的飲食，並具體列出食譜的書。

根據這本書的內容，在開拓時代，住家附近沒有麵包店的婦女們，都是在家自己做麵包。因為這樣的歷史緣由，美國的食譜一定會有幾頁介紹如何製作麵包。為了延長每週只烤一次的麵包保存期限，書中也介紹了「主婦們為了避免麵包變質會添加各種物質，此外，為了彌補麵粉的品質、自家製酵母、烤箱溫度等條件上的不足，主婦們也費盡各種心思。不贊成麵包業者使用添加物是目前的趨勢，不過，添加油脂和砂糖，使麵包變得耐放又柔軟，其實是從美國傳統的麵包製法所衍生出來的作法」。

和麵包發展歷史悠久，每個城鎮至少都有一間麵包店的歐洲不同，美國直到白人移民們進入原住民土地，在廣大土地上種植小麥，開始自給自足的生活之後，才隨著現代化的發展，終於在超市貨架上出現了工廠量產的全白麵包。這也是日本後來引進的系統。

回歸傳統的風潮也吹到了美國，許多人都捨棄了白麵包，改吃全麥麵包。不過，有人把這種現象歸於「參與了反越戰運動，把自己與嬉皮運動結合的年輕人們，否定了上一代的生活方式，所以也否定了父母那一代喜歡吃的麵包。這樣的反動以否定純白麵粉的型態表現出來」。美國差不多和歐洲在同一時期，都發生白麵包和黑麵包地位對調的轉變。

從歷史來看，只要是信仰基督教的白人所到之處，麵包就會成為當地的主食。因為他們所信仰的基督教，將麵包視為不可或缺的重要糧食。現代「以麵包為主食的人」，飲食生活中除了麵包還有什麼呢？他們對日本現在市面上的麵包又有什麼看法呢？

3 吃日本麵包的西方人

德國人的黑麵包文化

日本目前與外國的交流非常活絡。除了來自世界各地的大批觀光客，也有許多商務客和留學生。在自己住的地方看到外國人，已經是稀鬆平常的事情。因此我決定採訪生長在麵包正宗產地，目前住在日本的西方人，請教他們本國的麵包文化和對日本麵包的印象。

我在二〇一五年十二月～二〇一六年一月這段時間，訪問了當時居住在首都圈，而且會說日語的西方人。年齡層分布在三十～七十歲左右，男女一共八位。基本上這八位都很喜歡日本，也把「吃」視為樂趣。

其中有四位來自德國等黑麥文化區。因此，首先我要介紹的是身為神戶麵包文化的中興始祖——**Freundlieb** 的故鄉，也就是德國的麵包文化。

德國小麥麵包和黑麥麵包都吃，不過北部不是小麥的產區，所以食用黑麥麵包的比例較高。他們把切成片、全家一起吃的大型麵包稱為 **Brot**，把大小和紅豆麵包差不多的小麵包稱為 **Brotchen**。**Brotchen** 出現在早餐的機會較多。

Brot 的種類很多，除了單純以麵粉製作，也有添加了各種比例的黑麥粉，或是在表面撒上，或是麵糰混入核桃、葵花子、南瓜子、小茴香等種子。包括用粗顆粒的黑麥粉製成的紮實又沉重的 **Pimpernickel**、用小麥或大麥或黑麥等全麥粉，或粗顆粒的麵粉或雜糧製成的 **Vollkornbrot** 等，在德國大約有四百種。使用酸種、以黑麥為主要原料的麵包都帶有酸味。麵包的紋理細緻，密度很高，所以質地紮實，吃起來很有飽足感。

Brotchen 約有一二〇〇種。除了每個地方各有其特殊的種類，有些甚至是特定麵包店才生產的獨門款。Brotchen 的特徵是外皮脆硬，內部柔軟。其中具代表性的種類是造型渾圓、表面刻有五條有如旋風符號紋路的 Kaisersemmel（又稱凱薩捲、風車麵包）。和 Bort 一樣，凱薩捲除了有撒上種子的種類，也有添加核桃、起司、炸洋蔥和葡萄乾的種類。

最近幾年，酸味似乎不太受歡迎，不過以歐洲而言，這種比較傳統的麵包還是占了一席之地。

根據《「食」的圖書館麵包的歷史》的描述，酸麵包的興起是受到十九世紀到二十世紀初期，大眾對於急速工業化感到憂心而促成生活改革運動的產物之一。在這項改革運動當中，和白麵包相比，全麥麵包被視為更有益健康。之後，基於對納粹德國的政治宣傳，以及包含麵包製造的工業化在內，對戰後發展更是加速的現代化的反動，一直維持對傳統的重視。德國將全麥麵包視為有益健康之物已有近百年的歷史。以每個人平均的麵包消費量而言，德國據說居歐洲之冠，而這樣的結果或許是他們所在的環境，讓他們從以前到現在，一直吃著同樣的麵包。

接受訪問的格特魯德・高野女士，故鄉是漢堡。她歷經了戰爭與戰後的艱辛，早在半個

各種典型的德國麵包。從正上方往順時鐘方向依序是 Brot、撒了種子的木斯里（多穀物麵包）、撒了黑芥子的風車麵包、扭結麵包。

德國的餐包，各種風車麵包。右側的款式撒滿了葵花子。

世紀之前便來到日本。曾經任職於商社的先生在幾年前過世，她本身在退休前，一直在德國電視台東京分社擔任事務工作，現在在神奈川縣大磯町過著退休生活。

高野女士出生於一九四二年。她的家鄉在德國西北部的漢堡，但是在戰爭期間，疏散到五十公里之外的母親鄉下老家。父親戰死後，母親帶著三個孩子住在祖父母家，靠著洋裁的工作養家。

生活雖然困苦，但起碼飲食上充滿期盼的樂趣。祖父正職是工匠，不過他也會在家裡的庭院種菜、養豬。每年殺豬一次，用豬肉做成的香腸和火腿非常美味。另外，家裡務農的同學會分給她手工麵包，其美妙的滋味至今仍讓她難忘。「那麵包真是難以形容的美味，味道又很香，外面買的麵包根本沒得比。」同學給的有些是外脆內軟的白麵包，也有加了黑麥的麵包。

說到日常飲食，早餐除了麵包，還有起士、香腸、水煮蛋等。午餐是一天中最豐盛的一餐，以馬鈴薯料理為主。其中有一道馬鈴薯丸子，做起來特別費工。晚上吃的和早餐差不多，也是以麵包為主。

馬鈴薯丸子的做法是用馬鈴薯和放了一陣子的麵包揉成丸子狀。在德國，常見的吃法是搭配肉類料理一起吃。

高野女士在十八歲的時候和家人回到漢堡後開始工作。後來她和駐德的日本人相戀，二十三歲時跟著他來日本結婚。先生很喜歡吃麵包，如果聽到高野女士問他：「我今天不想煮飯，吃麵包好嗎？」都會欣然答應。不過，高野女士也喜歡納豆、味噌湯、豆腐，常吃和食。唯獨不喜歡魚，因為她小時候吃了魚覺得很難吃，直到現在還是不擅長魚類料理。

高野女士在一九六〇年代剛來日本時，為了找到合適的麵包，花了很多的工夫。無計可施之下，她只好選擇吐司，後來才在自己就職的德國電視台附近超市紀之國屋找到

Vollkornbrot。

之後，有位德國麵包的業務打電話與她連絡。對方說自己是一間來自三重縣的麵包店，店裡的師傅來自漢堡。一問之下發現，那位麵包師傅以前修業的店，正是自己以前住在漢堡時固定會去的麵包店。於是她和電視台的德國同事們都加入團購行列，直到現在還是會請店家宅配。

高野女士對日本麵包的評價是，「吃起來很鬆軟沒份量」。另外她也充滿感慨的表示，「我覺得菠蘿麵包之類的甜麵包不算麵包，但是咖哩麵包很美味。棍子麵包也很好吃，水準非常高。日本麵包的水準比以前進步很多呢」。

下午的「麵包時間」

相較於高野女士，一九八三年出生於德國南部慕尼黑的賽巴斯汀・荷黑坦那先生的麵包經驗則截然不同。藉由旅行和留學的機會幾次造訪日本之後，他從二〇一一年開始任職於一間也有德國人擔任董事的貿易公司，隸屬於食品部門。目前他與日籍太太住在神奈川縣川崎市。他說平常大多吃和食，但每次回德國的時候，他都很期待能吃到家鄉的麵包。

他童年時期常吃的麵包是扭結麵包和 Brot，到了周末，就吃各式各樣的風車麵包，除了原味，也有加了玉米片、小茴香、芥子等種類。吃不完的 Brot 和 Vollkornbrot，會裝進麵包專用的盒子保存起來。

他也說：「我最喜歡的麵包是從一三三一年一直維持相同配方的『一三三一』。據說製作時一直重複使用同樣的酸種。這種麵包適合搭配所有食物，我個人的吃法是抹上橘子果醬和蜂蜜，再鋪上煙燻火腿、熟火腿、生火腿和起士，最後再抹上奶油和灑點胡椒。」

他大約一個星期會有三天在吃麵包。不吃麵包的時候，就吃焗烤馬鈴薯和馬鈴薯泥等馬鈴薯料理，或者法式鹹派。

從小父母親就教導他不可以把麵包剩下來，去餐廳時也一再叮嚀他：「只要點自己吃得下的份量就好」。變硬的麵包，會拿來做馬鈴薯丸子。據說以前務農的祖母家，會把變硬的麵包拿來餵雞等家畜。

他的日本麵包初體驗是二〇〇四年到日本旅行的時候，在便利商店買的麵包。當時他一句日語都不會，所以完全憑著麵包的外表，挑選了一款夾了橘子果醬，表面撒了砂糖，類似柏林果醬包（**Krapfen**）的麵包。他也喜歡紅豆麵包和菠蘿麵包。不過，咖哩麵包卻讓他覺得很錯愕，沒想到吃了會辣。

荷黑坦那先生表示：「我覺得紅豆麵包、菠蘿麵包和咖哩麵包都不是麵包。我也不知道為什麼會有炒麵麵包這種碳水化合物互相搭配的組合。不過，我覺得這些麵包也不是不好吃，應該說覺得很有趣吧。」正統的德國麵包店在日本很少見，即使有，偏軟的外皮吃起來也有點突兀。不過法式麵包的水準很高，他常常買。

買到好吃的德國麵包時，荷黑坦那先生和太太會格外期待 **Brot Zeit**，德文的意思是「麵包的時間」，也就是點心時間。這個說法源自德國南部的農家在午餐和晚餐之間，把火腿和起司放在麵包上一起吃的習慣。荷黑坦那先生的家人會準備各式各樣的麵包，還有臘腸和酸黃瓜等配料，讓每個人各自選取喜歡的配料，配著麵包吃。

相對的，也有人向我表示：「對於在日本買黑麵包這件事，我已經不抱希望了。」他就

上面有十字切痕的原味風車麵包。

是出生於一九六六年，來自奧地利維也納，目前在大學教電影史的羅曼德・多美尼克先生。來日本三年的他，總是利用回國的時候一次購買大批的麵包，冷凍保存慢慢吃。

他平常最常吃的是風車麵包、混合小麥和黑麥製成的 Brot，不吃麵包的時候就吃馬鈴薯，還有把變硬的麵包拿來做馬鈴薯丸子等習慣，都和德國南部如出一轍。他吃的馬鈴薯丸子會混入風車麵包、蛋、牛奶、鹽和荷蘭芹，捏製成圓球狀，煮熟後搭配肉類料理食用。

「白麵包的味道偏淡，很快就變硬。黑麵包的滋味比較濃，如果加了香菜、孜然、小茴香等香料和香草植物，有時候隔夜麵包反而更好吃。

黑麵包要仔細咀嚼才吞得下去。但是日本人喜歡的是不必咬也吞得下去的鬆軟麵包吧。」

多美尼克先生的雙親都來自阿爾卑斯地區，據說把一顆新麵包切成片前，習慣用刀子在麵包劃下十字。劃下十字聖號原本是源自於修道院的作法，是一種帶有祈禱兼驅魔的習慣，這在《麵包的文化史》中也曾介紹過。

最近維也納吹起了有機風，也很流行自製麵包。大家可以依照自己喜歡的比例，混合各種麵粉，享受烘焙的樂趣。以前大家買了Brot都是和家人分著吃，但現在的年輕人比較常買份量較小的Brotchen，吃多少就切多少。

留學生亞倫・尤耶卡爾達來自愛沙尼亞，他也提到了社會變化。愛沙尼亞在美食風潮的帶動下，也開始流行起異國料理，也能吃到吐司、棍子麵包、義大利的拖鞋麵包等各種麵包。

亞倫出生於一九八六年，從小在首都塔林長大。愛沙尼亞在一九九一年獨立之前隸屬於蘇聯。愛沙尼亞的人口有三成是俄羅斯人，在十九世紀曾被德國占領，因此至今仍明顯受到德國的影響。愛沙尼亞的主食以黑麵包為主，有一種以粗粒小麥粉和大麥粉製作的傳統麵包，名為「sepsik」。另外也常吃粗黑麥麵包（Pumpernickel）。

亞倫也會利用回國的時候購買大量麵包，他很驚訝「日本的麵包軟綿綿，幾乎是中空的」。他第一次看到去掉吐司邊的三明治時覺得很錯愕，畢竟在愛沙尼亞，老少咸宜、最受歡迎的麵包，就是一種名為「Koorikleib」（黑色吐司邊）的四角形或圓形扁平黑麵包。

日本的軟麵包文化，對黑麥圈的人來說是異文化。他們對麵包的要求是要有咬勁。像飯糰一樣，吃了很有飽足感的麵包，才是他們熟悉的麵包。

英美人的麵包

那麼，黑麥文化區對麵包的認知，是否也適用於其他地區呢？透過這次的採訪，對方告訴我他是待在德國的時候，才驚覺到麵包竟然可以做得這麼好吃。麥可・克蘭多先生出生於一九五三年美國威斯康辛州，從小生長在伊利諾州的小鎮。他在三鷹市置產，和日籍太太及孩子住在一起，他除了是作家，也是位大學副教授。

他在小時候常吃的麵包除了於超市購買由 Wonder Bread 廠牌出品的吐司，還有花生醬奶油三明治和起士烤吐司。帶到學校當午餐的通常有兩種，一種是BLT（培根・生菜・番茄）和PBJ（花生醬果醬三明治）。美國雖然是吃軟麵包，不過他說「吐司當然有邊」。因雙親都是老師，工作都很忙碌，一般來說是自己解決伙食。他最喜歡把奶油和花生醬塗在吐司邊，再把吐司捲成像毛巾蛋糕一樣當點心吃。

他在一九七一年十八歲時，自願從軍，參加了越戰，被派遣到是西德。他的駐軍地點是西德與東德的國境地帶，任務是收集蘇維埃軍隊的情報。吃了村裡麵包店烤的 Brotchen 和 Vollkornbrot 後，很驚訝味道是如此可口。從此，他每天都很期待早餐。

兩年後他回到美國，在讀大學期間對禪文化產生興趣，於是在一九八一年來到日本。他的落腳處是神奈川縣小田原市，住在這一～二年後，附近開了連鎖麵包店「Little Mermaid」（リトルマーメイド）。他吃了黑櫻桃甜麵包和棍子麵包後感到喜出望外，每天都會去店裡光顧，因為他原本以為日本只有米飯，沒想到也有這麼好吃的麵包。連鎖麵包店在一九八〇年代一間接著一間開，所以他也會去「VIE DE FRANCE」「東客」「SAINT-GERMAIN」。

他搬到三鷹市後，家裡也添購了瓦斯爐，於是他會在家中自己做吐司和添加野生酵母菌種的鄉村麵包，有時候兒子也會央求他「做麵包嘛」。克蘭多先生說退休後自己想開間咖啡店，他喜歡的菜色是披薩吐司和海苔奶油吐司。不過，他不喜歡紅豆麵包和馬鈴薯沙拉三明治。因為他覺得紅豆很甜，也無法理解為何要把碳水化合物當作麵包內餡。無法理解以碳水化合物相互搭配這點，和黑麥文化區的看法一致。

那麼同屬於吐司文化區的英國人又覺得如何呢？一九七六年，凱薩琳・松島小姐出生於伯明罕，在伍斯特郡的伍斯特長大。她在二〇〇六年來到日本，在英資的銀行工作，和日籍先生住在神奈川縣鎌倉市。

她住在英國時的飲食生活如下：晚餐如果吃馬鈴薯料理或義大利麵，就不會吃麵包，但是早午兩餐都吃吐司。果然她也和其他人一樣，不會同時攝取兩種碳水化合物。另外她也會吃圓麵包、全麥麵包、棍子麵包等。剩下的麵包會混入葡萄乾、牛奶、砂糖烤成布丁，或者做成麵包粉。英國吐司和日本吐司的差異在於厚度。在英國，用來烘烤的麵包，厚度只有一

・五公分。

「我沒想到日本的麵包那麼厚。我也試過水果奶油三明治，非常好吃。雖然我不會買馬鈴薯沙拉三明治，但我覺得這樣的組合很有趣。日本的三明治有很多特別的餡料，而且我覺得日本的麵包外皮很軟。」

我問她會不會懷念英國的麵包？她說和麵包比起來，她更懷念的是雞肉蘑菇派和牛肉派等派類。之所以對故鄉的麵包毫無眷戀，是因為學生時代當作午餐的三明治不好吃，而且日本也有不少將棍子麵包做得十分美味的店，包括「VIRON」「Bigot 的店」「侯布雄」（LE PAIN. de: Joël Robuchon）等。

就結論而言，不論是黑麥文化區或吐司文化區的人，大家意見一致之處是調理麵包和甜麵包的存在讓人很驚愕，同時也希望能找到外皮硬一點的麵包。另外，大家也異口同聲的表示日本的法國麵包很好吃。那麼，來自法國的人也這麼覺得嗎？

棍子麵包不可以正反面顛倒放

克勞德・傑姆斯先生在日本住了十七年，於食品進口公司工作，他在一九六八年出生於南法普羅旺斯地區的某個小鎮。擔任保險外務員的爸爸以前會利用出差的機會，買回各地的麵包，因此每餐都是棍子麵包等各種麵包。但是當時吃的麵包並不是很好吃，因為並不是買回來立刻吃，而是等到隔天早上再吃。星期天的早餐比較特別，通常會去買剛出爐的可頌。如果買不到，就把麵包稍微烤過，熱熱的吃。因為家裡信奉天主教，星期天去教會時可以參加聖餐式，但那時候領到的烤薄餅味道也不怎麼樣。

法語把點心時間稱為「Quatre（四點）」。到了點心時間，他會把巧克力片放在麵包上，放進烤箱稍微烤五分鐘再拿出來吃。他知道現在很多人都是用英國製的巧克力醬。

夾著火腿和起士的 Cascroute（棍子三明治）是法國每間麵包店都會推出的基本款。以前最期待吃到的三明治是一種只有在夏天才吃得到的 Pan Bagnat。這種三明治的作法是把一大顆圓麵包挖空，在裡面抹上橄欖油，再塞進番茄、鯷魚、蛋、荷蘭芹等沙拉配料。除了棍子麵包，也會用長條麵包（Ficelle），但不會用短棍麵包（Batard）。法國人當然也喜歡麵包皮。傑姆斯先生他沒辦法接受軟軟的麵包。到了星期六才開的市集，有農家會賣要用兩隻手臂才圍得起來的鄉村麵包。

關於麵包，父母告訴他「不可以做的事情」有兩件：第一是不能剩下麵包沒吃完；第二是棍子麵包不可以顛倒放。

聽說最近在法國很流行連棍子麵包也做得出來的家用麵包機。很多麵包店都會推出使用各種不同麵粉製作的棍子麵包，味道也變很棒。以日本而言，他喜歡的麵包店是「POMPADOUR」（ポンパドウル）和住家當地的大磯町的麵包店。來日本之後，吃到了以前沒吃過的大蒜麵包和明太子法國麵包。太太是日本人，所以午餐大多是和食，但他希望晚餐盡可能吃麵包。

第二位接受訪問的法國人是出生於一九八四年的娜德吉・奧丁小姐。她任職於食品公司，來自法國北部布列塔尼的首府雷恩。她在法國的時候，平常的早餐不是鄉村麵包就是棍子麵

日本的法式吐司。最近也會使用棍子麵包製作，鋪上水果和鮮奶油等配料。

包。可頌是比較特別的麵包，只有朋友來的時候才買，或者生日的時候，帶到公司請同事吃等。下午吃點心的時候，則會吃布里歐（Brioche，法式甜麵包）。

晚餐大多吃麵包、起司和湯。布列塔尼以前無法生產小麥，所以曾經以蕎麥粉製作的可麗餅為主食。奧丁小姐也會吃可麗餅，大約一個星期吃一次。她很高興的告訴我，放了火腿、起士和蛋的可麗餅，或者加了鹽味奶油的可麗餅，現在不論在世界哪個地方都吃得到。

奧丁小姐因為職務調動，曾經待過慕尼黑、馬賽、巴黎，現在和法國籍的先生一起住在東京。她被調派到馬賽工作的時候，如果當天沒有從家裡帶午餐去公司，她常常會買些核桃麵包或玉米粉麵包，夾著藍紋乳酪、培根等食材一起吃。

如果家裡有變硬的麵包，她會做成碎麵包丁，加進沙拉或湯，或是做成麵包粉。還有 **Pain perdu**，意思是「遺失的麵包」。作法是把吐司浸泡在混合了牛奶和砂糖的蛋液再煎。雖然看似大致如同日本的法式吐司，但重點是要讓變硬的麵包吸飽熱牛奶，再把麵包加入混了蛋汁、香料、砂糖的混合物，用平底鍋煎過，趁熱享用。

奧丁小姐在三年前來到日本。雖然她說：「我覺得日本人不喜歡硬皮的麵包」，但她一再強調：「我對日本的傳統料理抱持著很大的敬意。」她很喜歡吃糙米飯，搭配醬菜、梅干、海苔和味噌湯等。

奧丁小姐對日本的麵包店的看法是，「他們在法國進修，學習傳統製法，並且盡可能維持傳統的配方，而且很珍惜顧客。我覺得這樣的日本人很了不起。」法國的麵包文化在日本，「我想日本人已經讓它成為日本的文化了。」

不論哪個國家的人，都把麵包定位成不可或缺的重要之物，從他們的背景，可以一窺基督教很重視麵包的飲食文化。生活困苦的時候，他們的國家也把小麥麵包以外的食物當作主食。另外，提到日本麵包的特徵，每個人都提到的共同之處有兩點。

第一，把日式甜麵包和調理麵包視為麵包的異類，相反的，由此可以證明，這些麵包是土生土長的日本食物。另一點是麵包的外皮很軟，這點也稱得上是日本飲食文化的特徵。麵包雖然是從外國引進的食物，卻可以從它身上看到日本飲食文化的特徵。

不過，讓我感興趣的除了大家列舉出來的幾間麵包店，還有每個人都說「日本的法國麵包很好吃。」屬於軟麵包文化區的日本到底產生了何種變化呢？下一章將介紹日本的法國麵包最新發展。

第五章

揭開法國麵包序幕的時代

不斷加速的麵包風潮

二〇〇〇年代初期，我從神戶文化圈剛來到東京的時候，為了找到好吃的麵包店，可說是費盡工夫。吐司好吃的麵包店不難找，但有賣法國麵包的店家卻不多。偶爾在街上會找到有賣巴塔麵包（短棍麵包）的麵包店，但買了以後發現外皮偏軟，感覺「和以前吃的有點不一樣」。之後，我也到處去了很多麵包店，但果然法國麵包的外皮大部分都偏軟。因此我的結論是，撇去高級住宅區和市中心不談，東京基本上屬於軟麵包文化圈。

不過，這種現象近年來在東京發生了變化。

只要稍微注意，不難發現以法語的麵包店「Boulangerie」為店名的店家，如雨後春筍般出現在大街小巷。這些麵包店的外觀時髦亮麗，窗框裝飾為搶眼的藍色、綠色、紅色，讓人一看就明顯感覺到店內的形象充滿法國風。店內的品項不多，價格偏高。貨架上沒有一般常見的大亨堡夾餡三明治，但是有用鄉村麵包做成的三明治。長棍麵包的存在感比短棍麵包強，當然外皮是硬的。在東京都心，從法國進軍日本的麵包店也愈來愈多了。

另外，選擇在住宅區一角或商店街的閒置店鋪等地點開店、門面窄小、店內空間也不大的袖珍麵包店登場了。這些麵包店大多由年輕女性掌店，也兼賣司康和果醬等。有些店雖然會推出硬皮的麵包，但是不賣吐司。總之，這類麵包店的品項不多，造型樸實無華，價格也偏高。

根據經濟產業省的商業統計，麵包的製造零售商數量，在一九九七年達到巔峰，創下約一二六〇〇間的紀錄。但之後呈現持續減少的狀態，直到二〇一二～二〇一五年這三年又開始成長，總共增加了一四五九間店。或許是因為新舊交替，業界的發展日漸活絡。

消費者也敏感的嗅到這股潮流，促使麵包風潮愈演愈熱。當然，在這之前，麵包也出現過流行趨勢。大正中期的白米騷動過後，吐司曾經是風靡一時的人氣商品，另外，隨著東客進軍東京，長棍麵包和短棍麵包也曾流行了一段時間。二〇〇〇年代初期，曾是菠蘿麵包和蒸麵包的天下。然而，現在最受注目的是麵包店本身，其中最受到關注的是法國麵包。

對麵包風潮起了關鍵性作用的是雜誌《Hanako》在二〇〇九年十一月十二日出刊的特輯

「東京麵包導覽」。自二〇一一月三月十一日發生東日本大震災之後，在媒體的自制下，有關麵包的報導也消聲匿跡了一段時間。但是，待自我節制的風潮漸歇，麵包的發展卻以更強勁的力道捲土重來。契機可能是二〇一一年十月世田谷區三宿首次以當地人氣麵包店為主力舉辦的「世田谷麵包祭典」。麵包的人氣持續延燒，二〇一三年秋天在表參道國連大學前舉辦的周末青山農夫市集中，「青山麵包祭典」的迴響熱烈，因此改成一年舉辦多次。之後，有關麵包的各種活動也在各地陸續展開。

有關麵包店的資訊也大量增加了。包括雜誌、MOOK、電視的報導，都有麵包和麵包店的特輯。也有些人利用社群軟體發聲，透過網路傳遞店家的資訊。因此造就了大排長龍的熱門店家。不惜換好幾班車，也要特地朝聖話題名店的麵包迷也愈來愈多了。

女性雜誌《Hanako》
2009 年 11 月 12 日。

隨著風潮的蔓延，也衍生出幾個比較小眾的流行。像是吐司、大亨堡夾餡三明治、三明治等特定麵包。這些麵包大受歡迎，甚至到推出專賣店的程度。

製作麵包的麵粉也成為注目的焦點。從二〇〇一年開始，號稱有健康效果的全麥麵粉和黑麥粉開始受到歡迎，連大廠牌也將添加這兩種麵粉的吐司列入產品線。雜糧風潮也在同一時間興起。以往被視為貧窮象徵的食材，被視為有益健康而受到歡迎，和西方的健康風潮如出一轍。

本章想試著闡明這些麵包風潮的背景，因為我認為這是預測日本麵包文化今後發展走向的有利線索。

狂熱麵包迷的登場

麵包風潮起源自二〇〇八年秋天的雷曼兄弟金融風暴之後。

在這之前，二〇〇〇年前後，隨著百貨公司地下美食街的崛起，連帶促成了甜點風潮興起。從平成的景氣谷底開始流行的甜點，充分反映出民眾在服飾方面的支出減少了，卻還是想要滿足消費欲望的心理。

但是，百貨公司地下美食街銷售的甜點價格，無法讓人每天都能吃。想要只買一人份也不太容易，所以流行了一陣子之後便退燒。其時，剛好再度發生嚴重的景氣後退。即使如此，人們仍不單追求著填飽肚子。因為稍縱即逝的美味食物，能給人帶來微小的幸福。

最後這些人發現，話題名店的麵包是最佳選擇。出身名店的麵包，同樣帶有高級感，價格又比甜點划算。有些店家的店主兼師傅開始被冠上明星光環，情況和甜點風潮興起的時候很類似。不同之處在於，麵包的資訊量增加許多，與甜點當時的情況不可同日而語。

分布在各地的麵包店資訊，則是由一群麵包的狂熱份子，透過媒體和網路傳播開來。當中也參雜了專業的寫手，介紹自己親自走訪或透過平常慣用的社群媒體發現的新店家，將麵包的魅力傳達給更多人。

麵包迷的登場，相當於家庭料理的品質和數量在高度成長期都獲得提升的延續，同時也和一九七〇年代以後，發展得愈臻成熟的外食產業有關。換言之，等到習慣外食的世代成為社會的核心，即使是一般人，味蕾也被訓練得更刁鑽和挑剔。

將這一群麵包狂熱份子培育茁壯的，正是品質不斷提升的日本麵包店。雖然日本不像法國有創設國立的麵包學校，但是不乏以連鎖店型態發展的大型麵包公司。將工匠的手工作業納入製程的大型企業，有能力培育麵包界的新血，因此對業界的技術提升有所貢獻。從不少擁有話題名店的麵包師傅，都曾任職於家戶喻曉的大型麵包公司一事來看，不難印證這樣的說法。

也有不少人抱著向正宗發源地取經的想法而到歐洲進修。二〇〇〇年代初的甜點風潮興起背景也是和從歐洲取經回來的店家增加大有關係。另一方面，有不少來自歐洲的麵包店，也希望進軍日本這個美食大國。

許多人品嘗到高水準技術做出的麵包後，就此迷上了麵包。基於「想要讓更多人知道這好東西」的想法，因而成為麵包資訊的傳遞者，也開始和其他同好互通資訊。只要從同好接收到新麵包店情報，便會親自走訪品嘗。吃多了，舌頭也逐漸變得敏銳挑剔。即使路程遙遠，又必須大排長龍，依然澆不熄這些人對美味麵包的強烈渴望。其中有些人著迷於「朝聖名店」，一方面是為了在網路發表文章而進行採訪，同時也是基於興趣。

為了麵包不惜耗費大筆交通費和時間的人，會因為一個幾百日圓麵包，比一般行情貴了五十、一百日圓而感到不滿嗎？價格的昂貴程度，理應視為製作繁瑣工序和優質材料的保證。當然，原料的採購費用上漲和消費稅提高等，也是麵包價格節節上升的重要因素，但麵包價格不斷上漲，絕非僅因這兩個因素。

在東京澀谷和丸之內各有店面的「VIRON」，打破一般常識，讓大家認知到，只要好吃，貴的麵包也能賣得好。

以高級麵包一決勝負

我在第三章已經向各位介紹，「VIRON」是引爆吐司風潮的關鍵角色，經營者也是經營餐飲店公司 Le Style（ル・スティル）的負責人。店內的招牌「Baguette Retrodor」（棍子麵包）一條三五〇日圓（大約新台幣九十七元），要價不斐，但是整體瀰漫著濃郁的香氣，吃起來外硬內軟，口感有明顯的反差，愈咬愈有滋味。

VIRON的門市正面帶有紫色的暗紅色調，洋溢著沉穩厚重的氣氛，讓人聯想到巴黎的麵包店，而且貨架上也沒有外皮柔軟的調理麵包。東急涉谷本店前的門市，距離高級住宅區松濤町不遠，前來光顧的西方人也不少。

Le Style 的社長西川隆博出生於兵庫縣加古川市，是當地老字號的「西川麵包」的第三代。根據二〇一三年十月發行的《故鄉兵庫》（ふるさとひょうご）一一八號所收錄的西川專訪提到，西川麵包在他父親那一代，在當地已經是超過山崎麵包，市占率排行第一的人氣麵包店。

西元一九九二年從關西學院大學畢業後，進入自家的西川食品就職，卻剛好遇到泡沫經濟破滅，麵包消費量也開始下滑。為了擺脫「投入在人事和設備的金額龐大，商品價格卻很難提升」的狀況，一九九八年，他在神戶市北野町開了棍子麵包和吐司專賣店「La Saint-Michel」。

專賣店開幕以後，緊接著日本在多邊貿易的GATT（關稅貿易總協定）的烏拉圭回合中簽訂了農業協定，從一九九〇年代末期開始，在日本可以輕易取得法國產的食材。

道地的法國麵包專賣店中，連棍子麵包也有各式各樣的種類。

從正宗產地進口原料的法國麵包店，生意變得興隆。西川也確實體會到，只要提供優質的麵包，顧客就會買單。

於是他親自到巴黎，走訪了一百間以上的麵包店，試吃了每一間的棍子麵包。最後採用「VIRON」麵粉公司出品的麵粉「Retrodor」。

「Retrodor」是 VIRON 公司的社長 Philippe・Viron 為了尋找沒有食品添加物的麵粉，偶然在巴黎某間麵包店發現的麵粉。後來他在一九九三年開發了這款無添加的麵粉。西川使出了渾身解數，很有耐心地和 Viron 交涉，最後取得了麵粉的獨家使用權。

西川原本打算在神戶開店，但是在市中心找

不到條件符合的店面，因此他下定決心「在東京一決勝負」，最後尋覓到的落腳處就是目前澀谷店的店面。原本業界的夥伴們都替他擔心「這種價格做不了生意」，但是他立下豪語「我要做出品質和價格都是日本第一的麵包」，接著在二〇〇三年開了麵包店「VIRON」。

不斷展店的正統派

不管周圍的人如何擔心，「VIRON」成了大受歡迎的麵包店。成功因素是因為西川與曾經在「Philippe Bigot」的店學習過的牛尾則名，兩人同心協力，從錯誤中不斷學習。舉例而言，為了使棍子麵包的外皮達到與法國當地相同的水準，他們最後添加Contrex的超硬水（法國天然礦泉水品牌）。另外，他們也碰上道地法國麵包店在市中心如雨後春筍般開幕的時代浪潮。

這些麵包店的長棍麵包都比短棍麵包吸引人，麵包的外皮很硬，烤出來的色澤是偏深的茶色，至於可頌等其他款麵包，從外觀來看就很酥脆。店內的品項基本上以硬皮的法國麵包為主，包括鄉村麵包和農家麵包等，還有一些以往不常見的麵包。特徵則是味道濃郁。

一九九六年在神戶三宮開業的「Boulangerie Comme Chinois」（ブーランジェリーコム・シノワ）是首次在市中心登場的道地法國麵包店是。這間麵包店是法式餐廳的麵包部，成立的契機是在前一年的阪神大地震後，基於「想要成為貼近人們日常生活的麵包店」（網站「關西飲食文化研究會」的「料理人受到刺激的味道・技術・人」）的理念而成立。當初打造這間店的麵包師傅西川功晃目前已獨立開業，在三宮經營「Ca Marche」（サ・マーシュ），大受歡迎，甚至還推出食譜。

「Le Petit Mec」一九九八年在京都今出川開業，麵包的香氣與滋味皆很濃郁，是很受歡迎的麵包店，因此也在東京開了分店。不過，店主兼麵包師傅的西山逸成，在著作《心愛的麵包讀本》（恋するパン読本）曾提到，開店後的前三年，一直苦惱於營業額無法提升。

二〇〇〇年代初期，引起廣泛討論的麵包店依序在東京開業。當時，在東京最受注目的是從法國進軍日本的兩間麵包店。一間是二〇〇一年開幕的「Maison Kayser（來臺開店名為梅森凱瑟）」，另一間是同年在東京開了第一間門市的「PAUL」。

幾乎在同一時期有兩間同樣來自法國的麵包店在東京插旗，不難想像在媒體的大肆報導之下，法國麵包的風潮很快就在喜歡嘗鮮的東京人之間蔓延開來。

「Maison Kayser」是一九九六年在巴黎開業的麵包店，其最為人所津津樂道的，是使用嚴選素材搭配野生酵母液，並以低溫長時間熟成的技法製作麵包。社長艾利克・凱瑟一九六四年出生於法國東部亞爾薩斯地區的，家裡原本就是開麵包店。他走遍全法國的麵包店，學會新舊的麵包製法後，先在法國國立麵包學校擔任教職，之後則周遊各國，學習國外的麵包製法。

凱瑟的目標是把法國的飲食文化推廣到全世界，而日本則是他進軍海外的第一站。他選擇的合作夥伴，是一九六九年出生的木村周一郎。他是銀座木村屋第六任社長的長男。

木村從慶應義塾大學畢業後，當了六年的上班族，之後前往紐約和巴黎的麵包店進修。他在巴黎實習的麵包店正是「梅森凱瑟」。梅森凱瑟目前在日本各地都有展店，但當初在日本開業的地點是東京高輪。

重現法國的麵包店

如我在第四章所述，法國在這三十年左右，重新重視到手工和無添加麵包的價值。把法國的流行趨勢帶到東京的，正是在法國帶動這股潮流的麵包店和麵粉廠商。

另外，在這股麵包風潮的興起中，也發揮部分作用的是另一間麵包店「PAUL」，它在二〇〇一年進駐東京八重洲。以黑色為主色調的沉穩門面、外皮脆硬的棍子麵包和酥脆的可頌都是其特色。根據Realpasco的平池浩先生表示，當初雖然面臨「投資了那麼多錢，業績卻不見起色的狀態」，但是「PAUL」很快就吸引媒體的注意。經過報導之後，一下子便掀起了熱潮。店裡湧進了超出預期三～四倍的來客，造成大排長龍。平池浩是當時麵包製造部的負責人，回顧當時的情景，他說：「關門後還得替明天做準備，所以一直工作到半夜」。

「PAUL」在幾乎沒有連鎖麵包店的法國，不斷展店至約有三五〇間門市，此外也進軍歐洲、美國、中東。

「PAUL」的源頭可追溯到一八八九年，夏曼紐・馬約在法國北部里爾近郊開的一間麵包店。後來這間麵包店的第四代繼承人法蘭西斯・奧德爾在一九五三年買下了當地的麵包名店「PAUL」。法蘭西斯使產量雖少，但品質絕佳的老式小麥重新復活，並透過直接與生產者簽約等建立了麵粉的供給體制。除了使用無添加的麵粉，也很堅持採用讓酵種長時間發酵的製法。

一九六三年，他在巴黎開了第一間分店。一九七二年，他把法國通常設置在地下室的廚房蓋在一樓，打造了從玻璃窗就可一覽無遺製程、「像劇場一樣的麵包店」《麵包的歷史》。現在的店面建立於一九九三年，只需望一眼，就能知道這是一間充滿古色古香的麵包店。

一九九一年在日本名古屋松坂屋的地下街推出了首間門市。在日本負責營運的是敷島麵包。雖然當時還不是現在最具辨識度的黑色門面，但店內洋溢著一股鄉村調溫暖氛圍，而且從廚房設備、備品到店內裝飾，全部都是從法國進口。

名古屋店開幕後，市場的反應熱烈。畢竟是基於奧德爾家強烈的意願才進軍日本，所以敷島麵包滿不信心地經營了十年。但是在合約即將到期之際，牧野隆英等人卻摸不透奧德爾

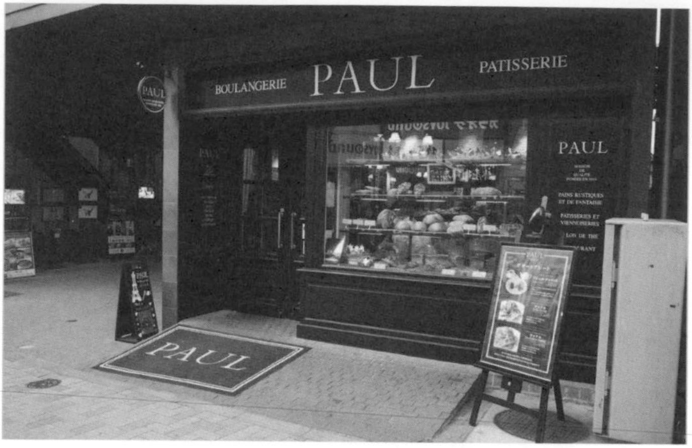

PAUL 神樂坂店。

家對續約的想法，於是懷著複雜的心思到巴黎。到了巴黎才發現，「PAUL」在一九九〇年首次簽約時所呈現的樸實氛圍已經消失，取而代之的是以沉穩、洗鍊的新面貌，大規模的在都市地區展店。最後，敷島麵包從負責海外事業的法蘭西斯長男大衛身上，確實感受到法方的誠意，於是決定續約。不過營運轉由敷島麵包的子公司REAL PASCO接手。在底定體制後，「PAUL」也大張旗鼓，準備大顯身手。

為了準備在東京再度出擊，從店內裝飾到食材都從法國進口。後來成為REAL PASCO社長的牧野為了激勵員工，對他們發下豪語：「我們要有在日本法國麵包史上寫下新頁的決心。」

他們賣的是外皮堅硬的麵包，能否被日本的市場接受還是未知數。店內主打使用與法國同樣的麵粉，另還添加了超硬水的棍子麵包，還有以冷凍麵糰型態從法國進口的可頌。可以內用、享受法國風味的「PAUL」，與「梅森凱瑟」發揮互相幫襯的效果，沒多久就贏得廣大人氣，以市中心為據點，不斷展店至今。

法國正宗的味道之所以被日本市場接受，主要原因有好幾項。除了泡沫經濟時期結束之後，從日本遠赴海外及旅日西方人快速增加，從一九八〇年代開始，市區也出現了更多的法式料理店，還有來自法國的高級食品店也競相進軍日本百貨公司地下美食街。

第一間登陸日本的是經營外燴和熟食、為法國規模最大的高級食品店Lenotre。其第一間門市是於一九七九年開設的西武池袋店。

銷售高級加工食品的 Fauchon，在一九八〇年進軍日本橋高島屋。一九八二年，Lenotre 的競爭對手 Dalloyau 在東京自由之丘開設專賣店之後，Fauchon 在一九八四年進駐日本橋三越本店。另外，Paul Bocuse 在一九八三年進軍大丸梅田店；一九八四年，榮獲米其林三星的 Troisgros 則進駐小田急百貨的新宿本店。

以麵包的領域而言，一開始受到注目的是 **Fauchon**。剛出爐的麵包香味吸引顧客聚集，據說光是可頌，一天的銷售數量就可達千個。這些在日本製造的麵包，由敷島麵包的師傅們負責。**Troisgros** 的麵包也是委託敷島麵包製作。當時，為了重現法國方所要求的道地滋味而累積的技術，無疑替後來拓展「**PAUL**」時奠定了良好的根基。

始於二〇〇〇年代的正宗法國麵包風潮，之所以能夠在日本遍地開花，原因在於法國麵包對日本人並不是完全陌生的存在。其起點在於一九八〇年代前後。這時候的日本，已經產生了另一股潮流，為下一波的麵包風潮奠定了基礎。而舞台則在一般家庭。

第六章

家用麵包機與麵包

把做麵包當作一種興趣

在進入一九八〇年代前，讓我們先回溯日本在家自己做麵包的歷史吧。

把「在家也可以自己動手做麵包」的觀念帶進日本家庭的，是第三章曾經介紹過的田邊玄平，他在一九二二～一九二六年首次開發日本國產酵母，為了讓麵包更貼近一般人的生活，他曾說：「學校當然不在話下，我的目標是要讓麵包普及到在家就能做」《麵包的百年明治史》。戰前，或許有些主婦曾在學校學習過如何做麵包，所以可以在家享受動手做的樂趣。

基於切身的動機而流行自己動手做麵包是在戰爭剛結束後。雖然白米的配給量不足，但民眾還是拿得到麵粉、麥麩、玉米粉等配給，所以當時很流行用烤麵包器。一九四六年，三菱推出的產品「天火」以「你知道嗎……烤麵包的樂趣」這句廣告詞蔚為話題。好像有些人連烤麵包的器具都自己動手做。因為不使用酵母，據說烤出來的麵包像「石頭一樣又硬又黑」〔《廣告標語的戰後史》（キャッチフレーズ）〕。

原本被視為休閒嗜好的手作麵包，在一九七〇～一九八〇年代開始普及，而且是透過當時流行的由報社、廣播公司、百貨公司等舉辦的文化教室。另外，由料理研究家和甜點研究家開設的教室，也會教導製作麵包的方法。其背景和出現想要打發空暇時間的主婦階層有關。

在日本，「主婦」這個詞彙誕生於明治時代中期。原本表示出身於富裕人家，家裡有幫傭可使喚的「奥樣（夫人）」一詞，轉變成代表親自做家事和育兒的已婚女性。一九一七年，因專職主婦增加而發行了《主婦之友》。

成為主婦的女性之所以增加，原因是一九〇〇年左右的產業革命後，企業紛紛成立，由先生單獨賺錢，負責養家的受薪階級增加了。但因為當時的家務量十分繁重，這些任職於企業的受薪階層，即使雇用了女傭幫忙畢業於女校的妻子做家事，人手仍不如上流階級充足，所以主婦本身也得參與家事。

家事之所以變得輕鬆，主要拜高度成長期間家電和瓦斯水電等基礎建設的普及。原本得先汲水、起火才能開始的煮飯等勞動，在開通自來水和瓦斯後，變得省力許多。而且孩子的人數也減少，所以主婦不必耗費所有精力在生兒育女上。而且光靠丈夫一個人的薪水就足以養家了。

主婦們得到空閒時間後，有些人開始到文化教室上課，培養自己的興趣。其中也有人學習製作麵包。

當時流行把製作麵包或點心當成興趣。有些人會參考雜誌或食譜。因為買到了主婦雜誌所宣傳的「天火」，主婦們便開始動手做起麵包、餅乾、蛋糕等西點。

「天火」是一個可以罩在瓦斯爐上的箱子，等於是模仿西式烤箱的機器，日本國產品誕生在一九一六年，直到一九六六年才改成瓦斯在內部燃燒的直火式瓦斯爐。至於附帶風扇馬達，導熱迅速的微波爐則是在一九七一年發售。

不過，主婦們還是把瓦斯烤箱稱為「天火」。可能是長年以來一直對它懷有憧憬，即使功能已經進化了，卻還是沒辦法一下子改變這稱呼。「烤箱」的稱呼是自從一九七七年附帶烤箱機能的微波爐登場後才固定下來。不久之後，只要說到烤箱，大家想到的都是必須插電使用的微波爐烤箱。

手作麵包和點心的流行，先決條件是烤箱的普及。瓦斯公司的直營門市中，銷售品項不只有瓦斯器具，也有製作西點和麵包的材料。除此之外，超市也設有烘焙專區，製作西點和麵包的材料都很齊全。

不完全以實用為取向的食譜在一九七〇年代後期愈來愈豐富。包括道地的外國料理和懷石料理的食譜、介紹世界各國的甜點和麵包的食譜等。另外，重現《小熊維尼》《紅髮安妮》等童書中出現過的點心和料理，並整理成具體食譜的書，也曾經在出版界颳起一陣旋風。如此一來，廚房便不再只是單純的工作場所，而是打造出於興趣所做，充滿樂趣的場所。

主婦們的精力之所以發揮在被當作興趣的烹飪方面，應該是因為社會對女性的差別待遇比現在嚴重得多。女性們擁有工作的可能性已經受阻，生活空間又被侷限在家庭，能讓她們盡情揮灑的舞台就是廚房。

製作麵包並不複雜，但是需要技術，也必須付出時間和體力。主婦們不但能得到成就感，而且隨著經驗的累積，也能確實感受到技術的提升。此外，如果做得好，也能從家人得到良好的回饋。雖然是當作興趣，但主婦們或許透過做麵包，部分滿足了追求成就感的欲望。

試著看食譜

一九七〇年代開始風行在家裡做麵包，原因是日本NHK的電視節目《今日的料理》（きょうの料理）。這個節目從一九五七年開始播出，在一九六五年一～二月每周日的「做出好吃的麵包」單元中，第一次推出麵包特輯。《今日的料理》雜誌版，收錄的內容是介紹如何把做好的麵包應用在料理上。

雜誌介紹的麵包種類非常多元，除了一開始介紹的吐司、黑麵包、脆麵包棒、法國麵包等，還有以麵包為主食時的餐點搭配、三明治和漢堡的製作方法、讓人聯想到德式馬鈴薯丸子的「加了油炸麵包的丸子」「吐司布丁」等。從如何挑選麵包開始介紹的節目，反映出食用麵包的風氣在當時尚未根深蒂固。

佐藤雅子是提供食譜的料理研究家。她從小在曾派駐在歐洲的父親身邊長大，婚後也曾在西德居住過一段時間，所以她介紹的食譜，理所當然會有幾分德國風味。

《今日的料理》在一九七一年五月號中，首次推出了「手工麵包和果醬」的特輯。講師宮川敏子是甜點研究家的先驅之一。她先介紹了麵包製作的基本知識，再慢慢進階到環狀等塑型的各種變化、吃起來帶有蛋糕口感的麵包等製作方法。應用篇則出現了蒸麵包和餃子。

在家裡做麵包有幾點難度。首先，和麵需要力氣，而且讓酵種發酵期間也必須讓周圍保持一定的溫度。這個特輯建議觀眾在製造麵包的酵種時，最好把酵種放進冰箱六～七個小時，以低溫長時間發酵的方式進行。這個特輯推出後，反應相當熱烈，所以在八月號特地開闢了Q&A單元。

比《今日的料理》更早開始介紹麵包做法的刊物是全盛時期的《主婦之友》。一九七〇年九月號中，以「為了讓每天吃的麵包更豐富，自己動手烤美味的麵包。來吃好吃的麵包吧！」為標題的特輯指導者，正是也活躍於《今日的料理》的營養師東畑朝子。

一開始，她以「對麵包的配菜不要有太多設限」為出發點，向大家介紹了以麵包為主食時的飲食搭配。例如搭配豬肉湯，或者以「甜煮地瓜和南瓜」代替果醬。另外，還推薦大家用鮭魚罐頭泥和納豆泥當作麵包的抹醬。從當時將西洋麵包文化「直譯」過來的內容，不難想像當時的飲食文化幾乎沒有西式口味的影子。

另一位料理研究家生方美智子，則是以全彩頁搭配十張的步驟照片，為初學者介紹奶油麵包捲的作法。應用篇除了布里歐，也介紹了辮子麵包的作法。介紹麵包作法的專欄的前文寫著：「做麵包已經是一股蓄勢待發的潮流」。

有關發酵，這篇專欄記載的作法是：「在二十五～三十度的狀態下，進行第一次發酵」。關於保持溫度的方法，她建議的作法是：「把麵糰放在點火的瓦斯爐旁邊，或者把加了熱水的碗放在麵糰下面，也可以放在上蓋的浴缸上面」聽起來稍嫌麻煩。

也有不少料理研究家推出食譜。《改訂版做甜點和麵包的書》（改訂版　お菓子とパンを作る本）的配方由森山幸子提供。森山是活躍於昭和後期（一九六六～一九八九年）的甜點研究家，她最為人所知的是出版許多一般人能夠在家裡簡單做出美味甜點的食譜。

介紹了基本的作法後，接著登場的是吐司、奶油麵包捲、辮子麵包、法國麵包、可頌、丹麥麵包、布里歐、葡萄乾麵包捲。若想增加造型的變化，書中建議可做成小餐包、脆麵包棒、麥穗麵包。至於發酵時的溫度管理，則建議以隔水加熱的方式，讓酵種隔著容器泡在三十度左右的溫水中。

追求麵包的塑型變化，是西方的麵包文化。到一九八〇年代以後，原本接近「直譯」的食譜，才明顯加入了日本原創的要素。以開設料理教室和出版食譜書而聞名的 Better Home 協會所出版的長銷熱賣書《Better Home》（ベターホームの手づくりパン），初版在一九八五年發行。二〇〇二年發行的改訂版中，除了奶油麵包捲、山型吐司、角型吐司、可頌、短棍麵包、黑麥麵包、丹麥麵包等西式麵包，也加入了菠蘿麵包、紅豆麵包、克林姆麵包等日本本地的麵包。發酵時的溫度管理基本上以隔水加熱的方式操作，並進一步說明如何因季節的不同，調整管理的方法。

Better Home 出版局在一九九七年出版的《我做的麵包》（私が作るパン），像不斷推出新產品以贏得顧客歡心的麵包店一樣，推出了各種充滿創意的調理麵包和甜麵包。像是捲入蔥花的「蔥花麵包」和混入梅乾、表面貼上海苔的「飯糰麵包」，以及內餡是馬鈴薯的「馬鈴薯麵包」等。進入平成時代（一九八九～二〇一九年）後，手作麵包已完全融入日本的文化，成為日常生活中常見的食物。

開麵包店的女性們

女性成員畢業後進公司，就一直待到退休，或者婚後辭職，成為全職主婦。從泡沫經濟的全盛期開始，脫離這種昭和時代人生規劃的女性逐漸增加。靠著打工維生、不受組織束縛的生活方式理應是自由自在，但是泡沫經濟崩潰後，打工卻成為找不到正職的年輕人的出路，於是開始衍生出各種社會問題。

出人頭地的可能性幾乎完全被阻斷的女性當中，從一九九〇年代後半開始，有愈來愈多的人打算藉由考取某項資格或學習技術以獨立創業。〇〇講師、〇〇教練等新證照也不斷產生。為想要取得證照的人、把興趣進一步提升到專業等級的人而提供資訊的工作雜誌也應運而生，包括《學藝與學習》（ケイコとマナブ）等。

昭和年代確立的企業雇用方針基本是一畢業就進公司工作，直到退休。只要踏入標準日式作風的「公司」，每個新人都有樣學樣的熟悉公司獨特的作法和業界的行規，習慣加班和應酬。想要中途加入是很困難的。隨著平成（一九八九～二〇一九年）的長期不景氣，有愈來愈多男性無法融入這個體系，或者覺得格格不入。

進入二〇〇〇年代以後，經歷平成不景氣的世代也開拓了新的商機。一九七三年出生，從事蔬菜宅配事業的 Oisix 社長高島宏平，便是其中的代表性人物之一。另外，即使規模不大，有些人抱著與其是做生意，毋寧說是為了與價值觀相同的同好分享的心態，從事小本經營。包括刻意捨棄實體店面的行動式蔬菜行或行動式魚攤、自由接案的主廚、以密集主辦活動的方式招攬客人的書店等。

為了摸索出自己適合的生活方式而勇於嘗試的世代，其中之一的嘗試便是省略到其他麵包店學技的過程，直接開起麵包店。麵包店開店指南書《我開了一間小麵包店》（小さなパン屋さん、はじめました），一共介紹了九組在首都圈開麵包店的女性創業過程。這九組女性中，有的是因為身體出了狀況而辭掉上一份工作，也有生產後還想繼續工作、在麵包的銷售活動中不斷累積經驗的人等。她們的經歷，等於是二十一世紀初期社會現況的縮影。

在這九組人馬之中，有三位女性沒有在麵包店實習或上過專科學校；有兩位在麵包教室上過課；其他人與麵包的淵源則是母親曾經開過麵包教室或蛋糕教室。由此可見，手作文化已經成長，甚至已經發展成下一代會以此為業的程度。

手作文化的發展隨著時間累積愈臻成熟，最後培養出專業人士。以下我舉的例子屬於甜點的領域，不過在二〇〇〇年前後興起的甜點風潮中，其中一位受到注目的甜點師傅便是在東京深澤經營「**Le Patissier Takagi**」（ル・パティシエ　タカギ）的高木康政。他曾表示，他的甜點之路起點是母親製作的瑪德蓮蛋糕。一九六六年出生的他，童年時期剛好遇上了手作風潮。

如同上述，手作文化原本只限於家庭，隨著時代的演變也進入了商業世界。常備食品和麵包等製作起來耗時又費力的品項，特別容易成為商品。為了開拓前所未有的商業領域，愈來愈多人著眼於非主流的冷門領域。透過用來交易的麵包，留下手作樸實感和溫度的這群女性們，從歷史的角度來看，或許也可稱之為開拓者的一份子。

家用麵包機誕生的故事

做麵包是件困難的事。如果是自學，一定需要一本附帶照片、按部就班說明每一道步驟的食譜。但是，如果真想做出好吃的麵包，或許到麵包教室上課是最快的捷徑。不過，能夠在家裡輕鬆做出麵包的道具——「家用麵包機」已問世了。只要放入材料再按下開關，就能自動烤好麵包的家電，或許在某些時候，比煮飯用的電鍋還要方便。

家用麵包機會受到歡迎，理由之一是可以完全仰賴機械，但另一項重要因素是使用者可以稍微加工，增添手作感。產品說明書提供有各種配方，而且市面上也有家用麵包機專用的食譜。

家用麵包機在一九八七年二月問世。開發的公司是松下電器產業（現在的Panasonic）。雖然也有其他公司加入市場競爭，但最後都撤退了。只有 Panasonic 持續生產，光是日本國內的市占率便達到七～八成。因此，Panasonic的家用麵包機發展歷程，等於是家用麵包機的發展史。

松下電器產業從一九八四年開始著手開發家用麵包機，契機是社內體制發生改變。負責生產果汁機等產品的回轉機事業部和炊飯器事業部，與製造烤土司機等產品的電熱器事業部統合，新成立了電化調理事業部。發揮三個事業部合體所帶來的優勢，首先開發出來的新產品就是家用麵包機。

開發的背景是麵包消費金額的增加。從七九頁的圖表即可發現，根據總務省的家計調查簿調查，每戶購買麵包的金額，從一九七四年開始直到一九九五年，幾乎呈現急速成長的狀態。之後一直處在高位，維持穩定的狀態。

從圖表可以發現，麵包在高度成長期大受歡迎，而且直到昭和（一九二六～一九八九年）後期，有九成的國民自認為中產階級，麵包才獲得不動如山的地位。以連鎖型態經營、把剛出爐的麵包當賣點的麵包店也增加了。同時，Panasonic進行市場調查後，發現了潛在需求。

電化調理事業部位於滋賀縣草津市。開發小組花了半年的時間，走遍關西約四十間備受好評的麵包店，試吃了百種以上的麵包。最後以一流飯店在早餐提供的麵包為目標，著手進行開發。

幸運的是，開發小組的其中一名成員，在學生時代拜師的麵包師傅，當時任職於大阪的飯店。於是這位小組成員開始固定去這間飯店，向以往的恩師學做麵包。她追求的不只是味道，而是練習在改變條件的情況下，也能烤出品質穩定的麵包。開發期間長達兩年。

任職於Panasonic行銷部的田中藤子小姐表示，「一開始推出的產品，完成度已經很高，所以產品的基本構造到現在都沒有改變。」

以「飯鍋以來的重大發明」為廣告詞上市後，市場上的反應非常熱烈，迅速成為暢銷產品。之後也跟上時代的最新趨勢，不斷增加新機能，持續進化。二〇一五年上市的最高階機種，除了可以製作吐司、法國麵包、黑麥麵包、米粉麵包、以剩飯為原料的米飯麵包、天然酵母麵包等，還有蛋糕和麻糬等，種類多達三十六種。也可以使用「梅森凱瑟」監修的預拌粉，並依照喜好添加堅果和起士等配料，甚至可在麵糰裡混入菠菜。

Panasonic從二〇一一年銷售的產品敏感嗅到山型吐司的流行趨勢，於是內建了「胖多米（Pain de Mie）」（法語的意思是「白吐司」）。在二〇一五年三明治熱潮燒得最旺時，推出了能烤出質地細緻，又容易切成薄片的機種，以方便消費者製作三明治。

歷代的開發負責人都很重視市場調查，所以才對潮流如此敏感。包括勤跑麵包店以了解市場動向，收集使用者的意見等，田中小姐告訴我：「我上次才開車去岐阜縣有名的麵包店。開發小組的成員如果去東京出差，好像也會到處逛麵包店。」

家用麵包機畢竟不是民生必需品，銷售量會出現起伏。換言之，也會出現高峰期。

草津市開發小組的成員之一內田沙耶香小姐告訴我，目前為止總共出現了三次高峰。第一波是產品剛問世的一九八七年，接著是大家開始流行透過網路互相分享配方的二〇〇三年，最近一次是二〇〇八～二〇一一年。第三波高峰和麵包潮流的興起是同一時間。在這個時期，曾靠著報導帶動名牌調理器具的流行，並引起廣泛討論的主婦雜誌《Mart》，也大幅報導了家用麵包機。二〇一〇年，即將被 Panasonic 合併的三洋，推出了可以用生米烤麵包的「GOPAN」而造成話題，也連帶掀起更大的麵包熱潮。

家用麵包機的食譜

看了Panasonic家用麵包機的使用說明書（二〇一五年、SD-BMT1001），我發現上面不僅記載了各種基本款麵包所需要的材料和使用方法，也有「赤飯麵包」和「橘子巧克力大理石麵包」「肉桂捲」等花式麵包、蛋糕、三明治、果醬的作法，總共介紹了一四七種食譜。不僅如此，消費者從坊間也找得到許多家用麵包機的食譜。光靠這台家電，可以做出無窮的變化，也難怪有些人的手作魂會因此蠢蠢欲動。

二〇一〇年發行的《Mart 家用麵包機 BOOK3》（Mart ホームベーカリー BOOK3），是一本介紹以 Panasonic 出品的麵包機為器材，介紹基本款和應用款麵包的食譜。應用款的種類非常豐富，甚至一併介紹了利用烤皿做出華麗盤飾的方法，有點像是以扮家家酒的感覺作菜。

例如書中提到，如果想增添麵包的色彩，只要使用加了番茄的預拌粉，就會做出紅色麵包；加了紫芋粉，麵包就會變成紫色。另外也介紹了來自紐約的人氣熟食店汀恩德魯卡（DEAN&DELIUCA）、人氣咖啡廳兼雜貨的 Afternoon Tea 等店家所示範的三明治製作方法。例如把餡料夾在麵包之間的三明治捲、用麵包和蔬菜做成的沙拉等。

書中也有好物推薦的部分。為了方便讀者分切出爐的麵包，書中推薦了由刀具廠商貝印（KAI）與 Mart 共同開發的麵包刀等產品。

相較於 Mart 向讀者傳遞的是如何以家用麵包機享受做麵包的樂趣，當作「別冊家庭畫報」所出版的《Esprit de BIGOT 的家用麵包食譜》（エスプリ・ド・ビゴのホームベーカリーレシピ），則是追求製作麵包本身。為這本書提供食譜的是頂著「BIGOT」招牌、在東京經營麵包店的藤森二郎。

這本食譜除了介紹把和好麵、發酵後的麵糰從家用麵包機拿出來，再以手工塑型，最後放入烤箱烤的「法國麵包」，也有「巧克力麵包」和可頌等其他法式麵包，還介紹了充滿日式作風，把食材和入麵糰的「香蕉麵包」「可可亞大理石麵包」等。

雖然這兩本食譜著眼的重點不一樣，但共通之處是除了收錄西式麵包，也網羅了日式的調理麵包和甜麵包。甜麵包是讓日本人開始接受麵包的入門磚，即使到了今天，它仍享有屹立不搖的人氣，不過法國麵包等硬皮麵包的後勢也持續看俏。彼此壁壘分明，卻同樣獲得廣大支持，這就是二〇一〇年代的日本麵包市場現狀。

雖然日本對麵包的接受度確實變得愈來愈廣，但現在已經稱得上是主食了嗎？從正式引進到今天已經過了一五〇年，對日本人來說，麵包是何種存在呢？我想差不多到了作出結論的時刻。

第七章

主食文化

當西方遇上東方

這趟探索日本人與麵包的歷史之旅，不論各位覺得是長途或輕旅行，差不多也接近尾聲了。我在本章，想要探討有關成為主食的小麥和米。

小麥的外殼很難去除，但磨成粉後可以加工成各種料理。加了酵母，可以製成蓬鬆的麵包。麵包對居住在氣候乾燥的地球西側的人們來說，是生活中不可缺少的糧食，小麥加工業應運而生，視麵包為生命食糧的宗教孕育了文化。而且麵包具備一股百吃不膩的魅力，即使每天吃也不會厭煩。

日本對這些以麵包為主食的國家而言，是即使現在搭飛機，也要耗費半天才能抵達的遠東之地。這個地區擁有得天獨厚的地理條件，降雨量豐富，氣候溫暖。人民建立了國家，以米飯為主食。

稻米和小麥不同，外殼很容易剝除，不須磨成粉，可以整顆蒸煮後食用。人們視米飯為神聖之物並進行祭祀，對日本的庶民而言，雪白的米飯一直是長久以來的憧憬，直到後來才成為日常的主食。米飯帶有鮮味和甜味，美味可口，是和食文化的核心。

話說回來，培育稻米的水田，必須具備不會發生漏水的土木技術。日本的平原只占了島國面積的三成，所以日本人的祖先為了增加生產量，不只在平野，也在山地砌石，開築梯田。現代人口多數都集中在都市，但是梯田的景色卻成為人們心靈的故鄉，呼喚著觀光客和從事稻作的志工。

日本的國土狹長，有些地區並不適合栽種稻米。東日本的氣候寒冷，稻米生長困難，長久以來一直為冷害所苦。二二六事件*之後，軍國主義得以在日本更加鞏固，其背景也包含東北地方長期以來的民不聊生。由此看來，選擇米飯為主食甚至會影響到國家的歷史。

即使如此，日本的農民依然很努力地種稻，連寒冷地區，也培育出好幾種獲得高度評價

*註：於一九三六年二月六日發生於日本東京的失敗政變，此政變最終導致「皇道派」勢力驟降，增加了「統制派」的政治影響力。

的品牌米。

日本長久以來一直以米飯為主食，從明治時代才開始吃麵包。因為日本人認為，如果想要超越現代化產業發達的西方國家，就必須培養不遜於西方人的體力和健康體魄，另外也有人是出於對未知事物的好奇心而開始做麵包吃。

「日西合璧」是我們理解近代以後飲食文化的關鍵字。為了接受異國的飲食，盡量把口味調成自己可以接受的日西合璧料理，現在已經成為大家習以為常的和食。例如炸豬排等豬肉料理，在江戶時代是沒有的。紅豆麵包的吃法也屬於日西合璧。一開始把麵包當作點心吃的人，在幾次因緣巧合之下，最終還是會把麵包視為正餐。

包括與外國人交流頻繁的東京、橫濱、神戶等是很早就把麵包當作正餐的地區。不知為何，把神戶當作窗口的關西地區的居民，很快就熟悉了麵包。反而是米飯比其他地區更加美味的東日本，因為稻作文化已經在當地紮根，因此麵包始終未能擁有穩固的地位。

二〇一五年的總務省家計調查中，將日本全國五十二個都市的每戶年度麵包支出金額作一比較。位居四十三名以後的六個都市都在東北、北海道。前十名則都在以關西為主的西日

排名較前的都市

順序	都市名	金額（円）
1	京都市	33,129
2	堺市	31,880
3	奈良市	31,237
4	大津市	29,471
5	和歌山市	29,284
6	松山市	29,028
7	岡山市	28,883
8	大阪市	28,768
9	金澤市	28,409
10	神戶市	27,590
11	廣島市	27,427
12	橫檳市	27,385
13	東京都區部	27,017
14	高松市	26,771
15	津市	26,669

排名較後的都市

順序	都市名	金額（円）
43	鹿兒島市	21,194
44	熊本市	21,154
45	福島市	19,839
46	那霸市	19,807
47	札幌市	19,720
48	山形市	19,596
49	仙台市	19,365
50	宮崎市	19,331
51	秋田市	18,936
52	青森市	18,339

2015年每戶購買麵包金額較多與較少的都市。以「家計調查結果」（總務省統計局、2015）所加工製成。

本，只有第九名的金澤市是例外。

關西地區能較早接受麵包為主食的理由有好幾個，首先，此地長期為政治與文化的中心，再加上京都與大阪這兩個歷史悠久的美食之都也都位於關西。而且神戶是開港地，外國人才得以將麵包文化傳入日本。人們開始接受麵包當作正餐，始於大正時期發生了關東大地震（一九二三年）。因此神戶取代走在麵包文化尖端的開港地橫濱，成為日本麵包文化的重鎮。

這個地區的人較容易接受麵包的另一個主因，我認為與飲食文化有關。相較於關東習慣一早煮米飯搭配味噌湯當作早餐，關西則是習慣在白天煮飯，把剩下的飯當作隔天的早餐。換言之，早餐吃得很簡單原本就屬於關西的作風，所以比較容易接受不必烹煮就可即食的麵包。

我的麵包日記

為了方便讀者知道日本人習慣吃麵包的來龍去脈，我想透過分享我本身的經驗，讓各位得到更多具體的線索。我從小就喜歡吃麵包，所以我個人的體驗或許不夠客觀。不過，不論我是屬於極端或中庸派，我想在日本接觸麵包的一五〇年歷史中，以我本人近五十年的歷程，應足以當作掌握變遷的指標。

我出生於一九六八年，是家中的長女。身為上班族的父親從小在關西長大，而身為全職主婦的母親則來自廣島縣的山村。他們小時候都經歷過戰爭的年代。我和雙親與妹妹四個人，住在大阪和神戶之間的阪神間。我們家餐桌的菜色會輪流出現洋食、中華料理、和食，但我特別喜歡吃洋食，早餐都吃麵包。

我最早對麵包的記憶大概是四、五歲的時候。周末我們會去大阪梅田的阪神百貨店，在地下室的麵包店買很大的動物造型麵包，有螃蟹和烏龜。直到現在我仍然清楚記得，把麵包撕成小塊時彈性十足，比平常吃生協（日本消費生活協同組合）的奶油麵包捲好吃。

上了小學之後，中餐在學校吃的也是麵包。學校供應的長條餐包吃起來乾巴巴的很難吞。如果我留到下課後再吃，麵包都變硬發酸了。偶爾會出現兩個如拳頭般大小的「法國麵包」，但是外皮和裡面吃起來一樣軟，所以我一直覺得「這不是法國麵包」。從這點看來，雖然不知道從什麼時候開始，但我好像已經知道真正的短棍麵包應該是什麼味道。

一九八一年上了中學，就此展開我的便當生涯。星期五可以自己買午餐，所以我每個星期都會光顧離學校最近一站的連鎖麵包店「CASCADE」（カスカード）。我最常買的是外皮又脆又硬的圓形「小麵包」，還有派皮裡包了巧克力、表面也淋了巧克力的「法式巧克力麵包」。上了高中以後，「CASCADE」多了新產品，是裡面夾了起士和火腿的細長型法國麵包。我一試成主顧。

說到基本款麵包，雖然我喜歡紅豆麵包，卻對克林姆麵包敬謝不敏。菠蘿麵包太甜又會黏牙，我也不喜歡。至於咖哩麵包，如果運氣好買到剛炸好的就很開心。

小時候吃吐司的時候，小我四歲的妹妹，總是把吐司邊剝下來不吃，而且她很喜歡菠蘿麵包。明明從小生長在同樣的家庭，吃同樣的東西長大，我們姊妹倆對食物的喜好卻天差地別。每次要去外面吃午餐的時候，兩個人都想吃不同東西，讓父母親很傷腦筋。

妹妹長大後，做得一手美味的和食。我想這和她就讀中學的大女兒是和食派有幾分關係。妹妹家的早餐也吃麵包，但大女兒還是小學低年級的時候，妹妹會做小飯糰給她當早餐。她在一九九八年結婚時，買了家用麵包機。去拜訪她家時，臨別之際曾收到烤好的麵包當伴手禮，不過她後來忙著照顧孩子，就沒時間烤麵包了。

一九八三年去德國旅行時，覺得在飯店吃到的Brotchen很好吃，所以我夾了幾個放在腰包裡，留到中午當午餐吃。黑麥濃郁的香氣和滋味讓我難以忘懷，回到日本後，我也到麵包店挑這種茶色的黑麥麵包繼續吃。

一九九五年一月發生阪神大地震時，我家也晃得天搖地動，好在只停電一小時左右，所以我還是像平常一樣，烤了土司當早餐。沒想到，還有心情坐在餐桌前吃早餐的人只有我，在一旁踱步的母親難以置信的對我說：「妳在這種時候還吃得下啊？」當時還不了解事態是何等嚴重，因為我剛從每餐都吃米飯的滑雪之旅歸來，滿腦子只想著「早餐好想吃麵包。」

出自多方面的考量，我從三月在大阪展開獨居生活。我選擇了大阪的老街區當作新生活的據點，因為聽同事說：「附近有好吃的麵包店。」我還記得每次去神戶時，我都很期待可以去「Isuzu Bakery」（イスズベーカリー）買吐司。

我在一九九九年結婚，婚後搬到東京，一開始居住地附近就有賣好吃吐司的店。我先生嘟囔著：「真的有這麼好吃嗎？」但早餐還是配合我吃吐司。直到有一次他聽到好幾個經過那間麵包店的西方男性說：「這裡的麵包很好吃。」他好像才知道我說的沒有錯。

我先生在三代同堂的家庭長大，原本住在大阪市的老街區，後來搬到奈良縣近郊。他基本上偏好和食，不過我問他記憶中的麵包有哪些，他也說了幾樣。包括高中時代吃的可樂餅麵包、搬到東京以後在新宿高野水果店嘗試的菠蘿麵包。

在詢問他之前，我其實不知道我先生的喜好。每次都是在外出地點的麵包店買短棍麵包回來，讓先生當點心吃。我們住的這區沒有法國麵包店，所以搬家的時候，我也把附近要有好吃的麵包店納入必備條件。

雖然只有寥寥幾間，但我平常很喜歡向別人推薦，向他們掛保證哪幾間的麵包店非常好吃。沒想到愛吃麵包的我，有機會接到撰寫與日本麵包史有關的書籍。除了首都圈，連同在京阪神地區討論度高的麵包店，我總共跑了五十～六十間麵包店。畢竟都是媒體曾經報導的店家，每一間的麵包都很美味，而且大多數都有販售法國麵包。

喜歡硬皮麵包的我，是不是已經不再是異類了呢？日本這個紅豆麵包大國到底發生了什麼變化呢？在稍早之前，常常聽到有人說日本已經被美國化了，不過在麵包這方面，應該說是法國化了。畢竟日本好吃的法國麵包，已經達到世界頂級的水準。本書的寫作目的，正是為了解開這個謎題。

麵包與日本人

雖然大多數日本人都偏好柔軟的麵包，但我之所以對硬麵包情有獨鍾，和我從小生長在食用麵包風氣相當興盛的神戶文化圈脫不了關係。不過，我對麵包的喜好也有隨著經歷的累積而改變。

我從小吃的吐司是灘神戶生協（現 Coop 神戶）的六片裝帶蓋吐司，直到我開始一個人住，才改吃從麵包店買來的山型吐司。雖然帶蓋吐司是東京的主流，但如果買得到，我就會選山型吐司。

原本以為自己喜歡口感紮實的短棍麵包應該是法國麵包的招牌，但這幾年，我變得更喜歡外皮很搶戲的棍子麵包。我連先生不喜歡的麵包邊都撿來吃，吃久了，覺得皮就是整條麵包最好吃的部分。

話說回來，除了紅豆麵包，我原本就不喜歡吃甜麵包，連我十幾歲時曾一度著迷的巧克力麵包，後來也對它失去興趣。說起來我對麵包的好惡很分明，正餐幾乎都吃麵包。因為我連續吃了好幾個月這些名店的麵包，愈吃愈覺得口味單純質樸的麵包最合我的胃口。我最近的新歡是鄉村麵包，特別喜歡吃起來帶有酥脆口感的麵包。

從我個人的經歷，以及神戶人對山型吐司和硬皮麵包的追捧，我想，如果喜歡麵包的人住在容易買到美味法國麵包的地區，應該也會偏好硬皮麵包吧。

無論如何，包括東京在內，作法道地的法國麵包店，在日本各地變得愈來愈多。脆硬的外皮，散發著一股類似仙貝的香氣，賣這種麵包的店家，大多使用優質的麵粉。因為如此，才容易讓人著迷。

日本人對麵食料理的接受度很高，不管烏龍麵、拉麵、炒麵、大阪燒等，通通來者不拒。而且在最近的二十年，接受度又更為提高，能敞開胸懷擁抱各種異國的滋味。

但是，日本人骨子裡恐怕還是對「太硬」的麵包敬而遠之。軟麵包很容易咬開，如果拿來做三明治、調理麵包或甜麵包，餡料和麵包體合為一體的迷人滋味我也不是不能體會，而且因為咬起來毫不費力，很方便邊走邊吃。換句話說，軟麵包老少咸宜，沒有年齡層的限制。

日本人把歐洲油膩的炸肉排（Cutlet）改為油炸後，包裹著酥脆麵衣的炸豬排，再搭配生的高麗菜絲、白飯和味噌湯，就成了和食。經由同樣的手法，先把麵包變軟，再衍生出包紅豆或咖哩等餡料的甜麵包、調理麵包。每一口都吃得到餡料的麵包，和親子丼、咖哩飯等配菜和白飯合體的料理很類似。換句話說，日本人等於把麵包和食化了。

如果想吃麵包，除了自己動手做，也有方便的家用麵包機可以利用。或者去麵包店、超市，甚至利用網購，都能輕鬆入手。絕大多數的人要吃麵包，都是直接購買現成品。覺得做菜很麻煩或忙碌的時候，或者家中沒人會做菜、想吃點東西墊個胃的時候，麵包的確是很方便的選擇。因為方便，所以麵包的人氣不斷上升。

但是，麵包這幾年的銷量卻出現停滯。麵包大國法國也同樣面臨這個問題，而且情況更為嚴峻。從麵包的現況，讓人聯想到米飯消費量在一九六二年達到顛峰後，便一路下滑。日本之所以將之視為嚴重的問題，理由在於原本應是正餐重心的米飯，消費量變得愈來愈少。但是，日本米飯消費量的增減，類似於法國麵包消費量的變化這點，提醒了我們一個很容易被忽略的基本問題。

第二次世界大戰結束之後，所謂的先進國家都體驗了在人類史上極為少見的高度經濟成長。不論哪個國家，原本被視為高不可攀的精製白色穀物，都成了庶民的日常飲食。同時帶來的另一項變化是配菜的種類和份量也增多了。大家能夠在日常生活中攝取肉類、魚類、蔬菜，即使飯量減少，終究還是會因為攝取過多熱量而體重過重，為各種生活習慣病所苦。進入二十一世紀才體驗高度經濟成長的新興國家，也和我們一樣開始面臨同樣的煩惱。

最近幾年很流行不吃米飯和麵包等碳水化合物，以限制醣份來達到瘦身目的的減重方法。我認為可將之視為人們對飲食過量的社會風氣所表現出來的一種反動。由此可見，人們的飲食豐裕程度，已經到了即使拋棄長久以來當作熱量來源的主食，也覺得無所謂了。

何謂主食

說到這裡，本書也即將進入尾聲。在此我想為我在第一章提出的問題「麵包已經成為主食了嗎」（十六～十八頁）下結論。我的答案有兩個。

第一個答案是歷經各種階段後，麵包已經成為日本人的主食。這些階段包括明治時代從外國留學回到日本的人們啟蒙了大眾、受到白米騷動的刺激，於是人們從大正時期（一九一二～一九二六年）開始吃麵包，直到昭和初期發展為中產階級的食物，最後在高度成長期之後，大眾開始將麵包視為西式生活的象徵。進入二十一世紀之後，人們沉迷於麵包的魅力，透過社群軟體等傳播麵包訊息的麵包迷們和年輕人們，成為使麵包人氣維持不墜的推手。另外，對於不想做菜的人，或者覺得米飯難以吞嚥的高齡者，麵包也成為他們的另一種選擇。

但是，除了一部分麵包的狂熱分子，若父母雙方都是土身土長的日本人，恐怕很難一天三餐都吃麵包。進行麵包店巡禮的這幾個月，我至少每天有一餐要吃飯，或者起碼要吃到加了醬油調味的料理。連公認和自認都是硬皮麵包愛好者的我都對米飯難以忘情，更何況其他人。雖然日本的飲食已經變得高度西化，但生長在這個高溫且濕氣重的國家，毋寧對米飯、味噌、高湯的味道更感親切。

並不是麵包的地位已經超越米飯，只能說包含麵類在內，已經成為多種主食之一。另外，從麵包被當作點心消費的角度看來，其選擇性變得更加多元，存在感也變得更強烈。生意好的麵包店，顧客托盤上放的大多是甜麵包和調理麵包。

另外一個答案是，麵包已經不再是主食。這個答案無疑是與前面的說法矛盾，但是我們可以從米飯消費量的大幅下降來驗證這個說法。現在有很多人把配菜當作主食，盡量不吃米飯。人們先是不再添飯，我想不久之後，連飯都會消失在餐桌上。

如果仔細回想，現在的年輕世代，甚至可能連續好幾天連一口米飯也沒吃。忙到三餐都沒辦法按時吃，或者早餐吃塊麵包，午餐吃碗麵，晚上再到居酒屋吃一頓的人，可能真的會「粒米未進」。即使到飯店享用豪華套餐，米飯通常只是點綴性的出現，份量十分稀少。時到今日，米飯已完全變為裝飾性的食物。即使沒有特別在節食的人，也已習慣不吃飯了。

既然正餐中最主要的食物才能稱為主食，那麼現在的主食已經變成配菜了。別說麵包，連米飯都不是主角。大家不再是吃飯配菜，而是因為吃多了菜餚，要換口味才吃飯和麵包。

日本從一九八〇年代起被稱為飽食的時代。但是，從當時到現在，四分之一個世紀過去了，別說對飲食感到厭倦，我們對飲食感興趣的程度反倒不減反增。只要打開電視，從早到晚都可以看到藝人們在節目上大啖美食，或是做菜的樣子。上傳到社群媒體的照片，大多數也和吃脫不了關係。更別提以食物為主題的電影、連續劇和漫畫，更是多到不計其數。只能說，除了麵包迷，生活中還出現許多把吃當作興趣的人，是社會資訊化所帶來的必然結果。

大家在渴望國家能夠長治久安的同時，對美食的追求似乎成了一種全民運動，日本也成了世界級的美食大國。都市自不用說，只要店的口碑好，即使在交通不便的地方鄉鎮，也不愁沒有人不遠千里而來，店門前照樣大排長龍。不論走到哪，都不必擔心吃不到美食。除了日本，大概找不到第二個飲食的份量有一定水準，而且品質也相當有保障的國家。

但是，想要享受上述這一點，前提條件是「口袋裡有錢」。在無法期待經濟急速成長，政治也造成貧富差距擴大的結果之下，貧窮率不斷攀升，嚴重程度讓我們驚覺原來身邊就有人正在忍受飢餓。此外，經濟全球化所造成的衝擊之一，也包括讓國家能夠發揮的影響力逐漸受限。

個人在時代的奔流中顯得無能為力。但是，我們可以從麵包的流行趨勢中發現值得玩味的動態，對未來至少能抱著一點希望。起碼銷售高級土司，還有使用法國進口麵粉製作棍子麵包，以高品質為賣點的高價麵包店大受歡迎。

儘管日本歷經了近二十年的通貨緊縮，但是能夠發展到以品質決勝負這一步，意味著慢工出細活與優質材料的價值再度受到肯定。當然，高價與良好的品質並不一定能劃上等號，但是多花一點錢，讓自己享受到更好的品質，而且能夠以「購買」的行動，表達對做出優質產品的人的支持，我想應該不是壞事吧。因為消費者的購買，關係到生產者的生計。讓彼此感受到互相支持的重要性的時代，應該為期不遠。

坊間目前充斥著各種刺激消費的資訊，毫無警覺心的人，恐怕將被欲望沖昏頭。正因為處於這樣的時代，我們更有必要對食欲發揮自制力。若能把注意力轉移到飲食的背後，想必社會也會跟著產生轉變。

結語

如最後一章一開頭所寫的，我從懂事以來就喜歡吃麵包。所以，當我接到本書的邀稿，當然是開心得不得了，但也歷經了忙碌辛苦，讓我又愛又恨的十個月。能夠寫到這一步，真的覺得很不容易。

無論如何，對全世界好幾成的人而言，麵包既是主食，也是神聖的食物。有些國家因為吃不到麵包，人民在憤怒之下甚至引發了革命。麵包主食化以後的歷史雖然尚淺，但即使在日本，也曾是餵飽許多人的重要食糧。麵包背後有一段壯大的歷史，也有一部分是出於政治上的考量。麵包不但能左右經濟，一路發展至今，也有為其背書的科學理論，同時也表現出了人們喜好與品味的趣味性。一開始，我其實很擔心，不知道自己有沒有足夠的能力寫出隱藏在麵包背後的飲食文化。

雖然感到不安，但我還是決定接下這份挑戰。因為我在二〇一五年出版了描寫和食歷史的《「和食」是什麼？》（和食って何？）對日本的西式甜點史多少有點了解。飲食的背後就是人類所居住的世界。雖然世界不斷在變，但我想，只要牢牢抓住這世界的一角，不要被甩掉就好，於是一步步寫到這裡。雖然力有未逮，也有知識不足和視野狹隘等諸多問題，但如果透過本書，能夠讓對麵包或飲食文化有興趣的讀者，從中獲得一些樂趣或收穫，我將感到無比欣慰。

當我和別人提到這本書，才發現喜歡麵包的人，比我想像中多出許多。不論男性還是女性，很多人一聽到我要寫有關麵包的書，眼睛都亮了起來。麵包究竟具備什麼樣的魔力，可以讓人如此興奮呢？

我本身就喜歡吃麵包，藉著採訪的機會，買了很多間麵包店的麵包，愈吃愈感受到麵包的魅力。我一路吃到夏天，明知自己的調查工作已經做得很徹底了，但只要路過沒去過或感覺很不錯的店，我還是繼續買、繼續吃。我可以預期，即便書出版，我還是會繼續探索好吃的麵包店，不知厭倦為何物。因為我愈來愈喜歡硬皮麵包，甚至覺得自己對麵包的「偏心」

程度已經到了前所未有的程度。或許不知曾幾何時，我也成了麵包迷的一分子了。

在採訪的過程中品嘗麵包時，有好幾次我都是和身旁的人分著吃。這時我才發覺，能夠分著吃，也是麵包的優點之一。用手把一個麵包分成兩塊，和某個人分食，能夠縮短自己與對方的距離。把麵包分給別人的故事之所以反覆出現在《聖經》裡出現，也是因為麵包原本就具備「分享」的特質。想到這點，不禁讓我點頭稱是。雖然我不是教徒，但是在基督教學校學習到的知識，讓我知道麵包對西方人的重要性。

在我詢問身邊的人的麵包經驗談時，有一段小插曲是我一定要與各位分享的。主角是我的公公。

公公一九三二年出生，從小在大阪長大，對吃很講究，即使已經超過八十歲，看到美食還是會食指大動。他不只會吃，也會自己下廚。自從婆婆去世，他已經獨居三年了，現在他的廚藝可媲美資深主婦，一個人過著優閒自在的生活。他在貧困的少年時期，曾因為對方的一句話「可以吃得很飽」而被打動，加入了滿蒙開拓青少年義勇軍。結果他還在茨城縣接受訓練的時候，戰爭就結束了，因此平安歸來。

公公在少年時代，鎮上有間他很想去的商店在販售麵包。從戰爭前到高度成長期為止，到處都有掛著麵包公司的招牌，到處都有麵包和甜點的商店。用現在的感覺來說，就像山崎麵包的加盟店。據說，公公家附近的店，賣的是神戶屋的麵包。

公公回想著當年的情景告訴我：「那間店不是開在商店街，而是住宅區。有賣紅豆麵包，但太貴了我買不起。除了紅豆麵包，好像還有賣點心。」

做工精緻的歐式麵包，是目前神戶屋產品給人的印象，但是在戰爭開打之前，他們做的一直是日本人喜歡的紅豆麵包等甜麵包。他們的麵包，讓渴望甜食的少年留下了深刻的印象。說到日本人吃的麵包，紅豆麵包果然是起點啊。

為了本書的寫作，我調查了許多資料，也受到許多人的幫助。為了挖掘古早時代的麵包，讓我受惠最多的是書中一再引用的《麵包的百年明治史》。雖然這本書是一九七〇年代出版的業界史，卻充分展現出作者想要記錄高度成長期的意氣風發與歷史的企圖心。負責執筆《麵包百年明治史》的安達巖先生，一九〇六年出生於島根縣，戰前致力於社會運動，戰後則成為飲食文化的研究者，出版了《麵包的百年明治史》等多數著作，並在《菠蘿麵包的真相》中精神抖擻的登場後，以九十六歲之齡辭世。

最後，我要向許多人致上謝意，謝謝他們接受我的採訪。包括亞倫・尤耶卡爾達先生、羅曼德・多美尼克先生、格特魯德・高野女士、娜德吉・奧丁小姐、克勞德・傑姆斯先生、麥可・克蘭多先生、賽巴斯汀・荷黑坦那先生、凱賽琳・松島小姐。另外還有敷島麵包的加藤博信先生、加藤祐子小姐、Realpasco 的平池浩先生、「三明治 Parlour 木村」的松村守夫先生、「gattlea」的中田琇三先生、中田豐隆先生、Levain 的甲田幹夫先生、Freundlieb 的 Hera 女士、齊藤綾小姐、huroin 堂的竹內善之先生、關口法國麵包的高世勇一先生、全日本麵包協同組合連合會（當時是二〇一六年三月）、Panasonic 的田中藤子小姐、山本智子小姐、內田沙耶香小姐、農林水產省的吉田行鄉先生、琵雅票務服務公司的幅野裕貴先生、綠川靖雄先生、日本麵包技術研究所的原田昌博先生。各位不單只是麵包產業的相關人士，也是熱愛麵包的一群人。尤其是原田先生，給了我許多技術方面的建議，讓我受益良多。

另外，我也要感謝田中紀子小姐、戶塚貴子小姐、高田由美子小姐、沼田美術小姐、井本千佳小姐、安武郁子小姐、大谷理惠小姐、申智惠小姐、島原家的各位。我還要感謝我先生，因為他看到每天早上輪流上陣的麵包，卻還是面無難色的奉陪。此外，我要特別感謝NHK出版的佐伯史織小姐。不論是居中替我與採訪對象洽談，還是收集資料，她在各方面都給予我很大的協助。我們這對同樣喜歡麵包的搭檔，除了一起採訪，也暢談了有關麵包的種種。讓這本主題原本艱澀的書，能夠成為兼具娛樂性的讀物。麵包的魅力無窮，難以言盡，但哪怕只有一小部分，也衷心期盼本書能讓讀者們感受到麵包的吸引人之處。

阿古真理

參考文獻・網站

『新明解国語辞典』三省堂、一九九九年
正岡子規『仰臥漫録』岩波文庫、一九八三年
大山真人『銀座木村屋あんパン物語』平凡社新書、二〇〇一年
安達巌『パンの日本史』ジャパンタイムズ、一九八九年
岡田哲『コムギ粉の食文化史』朝倉書店、一九九三年
パン産業の歩み刊行会『パン産業の歩み』毎日新聞社、一九八七年
社団法人鈴木梅太郎博士顕彰会、鈴木梅太郎先生伝刊行会『鈴木梅太郎先生伝』一九六七年
『日本の食生活全集28　聞き書　兵庫の食事』農山漁村文化協会、一九九二年
神戸外国人居留地研究会編『神戸と居留地』神戸新聞総合出版センター、二〇〇五年
神戸外国人居留地研究会編『居留地の街から』神戸新聞総合出版センター、二〇一一年
笹山晴生・佐藤信・五味文彦・高埜利彦『詳説日本史B』山川出版社、二〇一五年
岡戸武平『パン半世紀』中部経済新聞社　敷島製パン、一九七〇年
パンの明治百年史刊行会『パンの明治百年史』一九七〇年
一志治夫『アンデルセン物語』新潮社、二〇一三年
東嶋和子『メロンパンの真実』講談社、二〇〇四年
WEBサイト「日本の西洋料理の歴史」
江原絢子・石川尚子・東四柳祥子『日本食物史』吉川弘文館、二〇〇九年
スティーヴン・L・カプラン『パンの歴史』吉田春美訳、河出書房新社、二〇〇四年

塚本有紀『ビゴさんのフランスパン物語』晶文社、二〇〇〇年
松成容子『ドンクが語る美味しいパン100の誕生物語』ブーランジュリードンク監修、旭屋出版、二〇〇五年
フィリップ・ビゴ『フィリップ・ビゴのパン』柴田書店、二〇〇五年
高橋靖子『わたしに拍手！』幻冬舎、二〇〇七年
甲田幹夫『ルヴァンの天然酵母パン』柴田書店、二〇〇一年
大内弘造『酒と酵母のはなし』技報堂出版、一九九七年
舟田詠子『パンの文化史』講談社学術文庫、二〇一三年
レイチェル・カーソン『沈黙の春』青樹簗一訳、新潮文庫、一九七四年
有吉佐和子『複合汚染』新潮文庫、一九七九年
盛田淳夫『ゆめのちから』ダイヤモンド社、二〇一四年
奥村彪生『日本めん食文化の一三〇〇年』農山漁村文化協会、二〇〇九年
赤井達郎『菓子の文化誌』河原書店、二〇〇五年
小西千鶴『知っておきたい和菓子のはなし』旭屋出版、二〇〇四年
木村茂光編『日本農業史』吉川弘文館、二〇一〇年
原田信男『和食とはなにか』角川ソフィア文庫、二〇一四年
草間俊郎『ヨコハマ洋食文化事始め』雄山閣、一九九九年
WEBサイト「発酵とパン　今昔物語」オリエンタル酵母工業
安保邦彦『敷島製パン八十年の歩み』敷島製パン、二〇〇二年
相馬愛蔵『一商人として』岩波書店、一九三八年
池田文痴菴『日本洋菓子史』日本洋菓子協会、一九六〇年
ウィリアム・ルーベル『「食」の図書館　パンの歴史』堤理華訳、原書房、二〇一三年

ビー・ウィルソン『「食」の図書館　サンドイッチの歴史』月谷真紀訳、原書房、二〇一五年
大塚滋『パンと麵と日本人』集英社、一九九七年
鈴木猛夫『「アメリカ小麦戦略」と日本人の食生活』藤原書店、二〇〇三年
ラジ・パテル『肥満と飢餓』佐久間智子訳、作品社、二〇一〇年
荻原由紀「生活改良普及員の昭和20～30年代の栄養指導の意義と功績」『農業および園芸』養賢堂編、二〇一三年
岸康彦『食と農の戦後史』日本経済新聞社、一九九六年
阿古真理『「和食」って何？』ちくまプリマー新書、二〇一五年
『なつかしの給食　献立表』アスペクト編集部編、アスペクト、一九九八年
幕内秀夫『変な給食』ブックマン社、二〇〇九年
甲斐みのり『地元パン手帖』グラフィック社、二〇一六年
スーザン・セリグソン『パンをめぐる旅』市川恵里訳、河出書房新社、二〇〇四年
『聖書』日本聖書協会、新約一九五四年、旧約一九五五年
臼井隆一郎『パンとワインを巡り神話が巡る』中公新書、一九九五年
池上俊一『世界の食文化⑮イタリア』農山漁村文化協会、二〇〇三年
南直人『世界の食文化⑱ドイツ』農山漁村文化協会、二〇〇三年
北山晴一『世界の食文化⑯フランス』農山漁村文化協会、二〇〇八年
本間千枝子・有賀夏紀『世界の食文化⑫アメリカ』農山漁村文化協会、二〇〇四年
柴田明夫「古代ローマに学ぶ食糧問題」『高等学校　世界史のしおり』帝国書院、二〇一五年
ジョゼフ・ギース／フランシス・ギース『大聖堂・製鉄・水車』栗原泉訳、講談社学術文庫、二〇一二年
フェリペ・フェルナンデス＝アルメスト『食べる人類誌』小田切勝子訳、早川書房、二〇〇三年
ローラ・インガルス・ワイルダー『大きな森の小さな家』恩地三保子訳、福音館、一九七二年

ローラ・インガルス・ワイルダー『プラム・クリークの土手で』恩地三保子訳、福音館文庫、二〇〇二年
バーバラ・M・ウォーカー『大草原の「小さな家の料理の本」』本間千枝子・こだまともこ共訳、文化出版局、一九八〇年
『ふるさとひょうご』東京兵庫県人会、118号 二〇一三年
WEBサイト「料理人が刺激を受けた味・技・人 激白ストーリー22」関西食文化研究会
小麦好き委員会パン倶楽部『恋するパン読本』PHP研究所、二〇一五年
深川英雄『キャッチフレーズの戦後史』岩波新書、一九九一年
阿古真理『うちのご飯の60年』筑摩書房、二〇〇九年
大阪ガスエネルギー・文化研究所『炎と食』炎と食研究会編、KBI出版、二〇〇〇年
『きょうの料理』一九六五年一〜二月号、一九七一年五月号・八月号、日本放送出版協会
『主婦の友』一九七〇年九月号、主婦の友社
『改訂版 お菓子とパンを作る本』講談社、一九八〇年
『ベターホームの手づくりパン』ベターホーム出版局、一九八五年
『私が作るパン』ベターホーム出版局、一九九七年
田川ミユ『小さなパン屋さん、はじめました。』雷鳥社、二〇一三年
『Mart ホームベーカリー BOOK 3』光文社、二〇一〇年
藤森二郎『「エスプリ・ド・ビゴ」のホームベーカリーレシピ』世界文化社、二〇一〇年

國家圖書館出版品預行編目(CIP)資料

百年麵包史：吃軟到吃硬, 從紅豆麵包到法國麵包, 改變日本飲食的 150 年 / 阿古真理作 ; 藍嘉楹譯. -- 初版. -- 新北市 : 智富, 2020.09
面 ;　公分. --（風貌 ; A27）
ISBN 978-986-99133-2-4（平裝）

1.飲食風俗 2.糕餅業 3.歷史 4.日本

538.7831　　109010021

風貌 A27

百年麵包史：吃軟到吃硬，從紅豆麵包到法國麵包，改變日本飲食的 150 年

作　　者／阿古真理
譯　　者／藍嘉楹
主　　編／楊鈺儀
編　　輯／陳怡君
封面設計／ Chun-Rou Wang
出 版 者／智富出版有限公司
地　　址／（231）新北市新店區民生路 19 號 5 樓
電　　話／（02）2218-3277
傳　　真／（02）2218-3239（訂書專線）·（02）2218-7539
劃撥帳號／ 19816716
戶　　名／智富出版有限公司
酷 書 網／ www.coolbooks.com.tw
排版製版／辰皓國際出版製作有限公司
印　　刷／傳興彩色印刷有限公司
初版一刷／ 2020 年 9 月

I S B N ／ 978-986-99133-2-4
定　　價／ 380 元